ŒUVRES

DE

SAINT-SIMON & D'ENFANTIN

PRÉCÉDÉES DE DEUX NOTICES HISTORIQUES

XXVe VOLUME

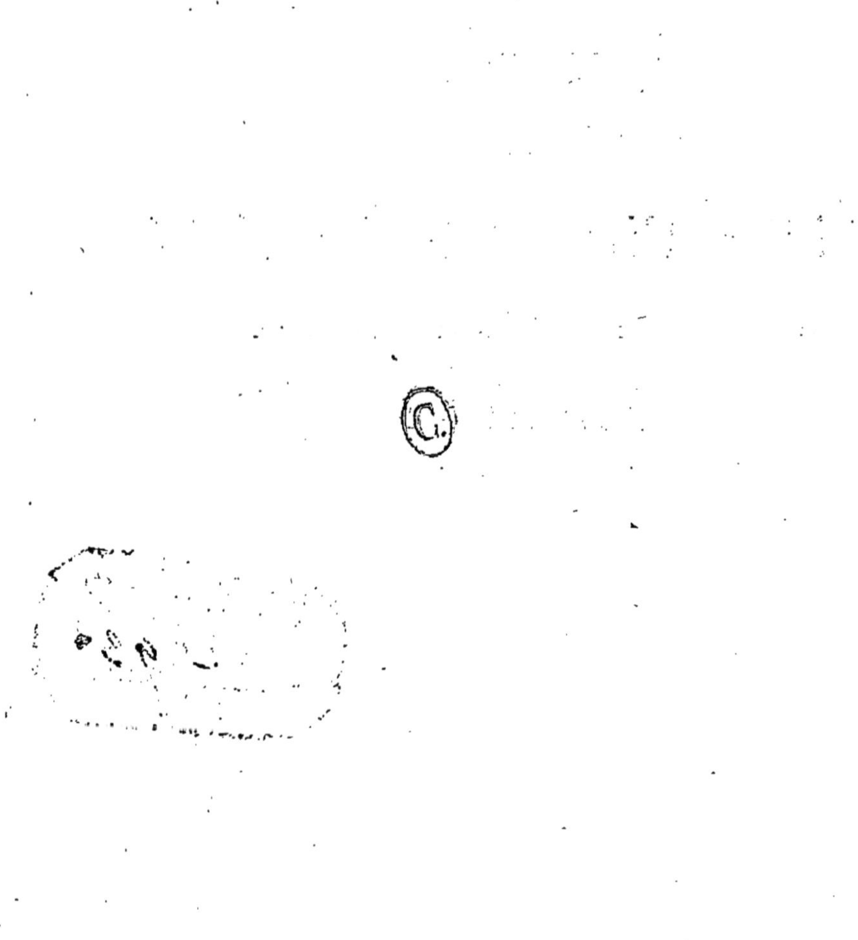

ŒUVRES

D'ENFANTIN

PUBLIÉES PAR LES MEMBRES DU CONSEIL

INSTITUÉ PAR ENFANTIN

POUR L'EXÉCUTION DE SES DERNIÈRES VOLONTÉS

CINQUIÈME VOLUME

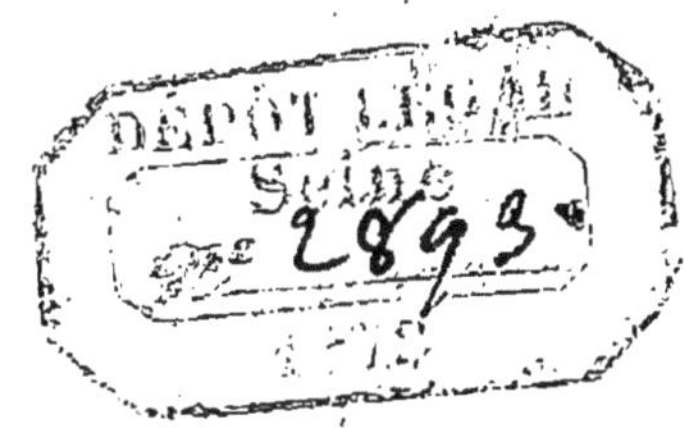

PARIS

E. DENTU, ÉDITEUR

LIBRAIRE DE LA SOCIÉTÉ DES GENS DE LETTRES

PALAIS-ROYAL, 17 ET 19, GALERIE D'ORLÉANS

1872

CORRESPONDANCE

INÉDITE

D'ENFANTIN

NOTE

SUR

LA SUBSTITUTION DE L'EMPRUNT A L'IMPOT

Rédigée sous l'inspiration d'Enfantin
par un de ses disciples
et jointe à la lettre à Rességuier, qui termine le précédent volume.

L'emprunt comparé à l'impôt offre deux avantages distincts :

Il facilite l'accroissement des capitaux ;

Il facilite également la baisse des intérêts.

Ces deux résultats sont deux phénomènes distincts quoiqu'ils se trouvent presque toujours unis, ou plutôt *toujours unis* dans les cas généraux ; mais ils doivent être étudiés *séparément*, puisqu'il est possible de concevoir un accroissement du capital qui ne changerait en aucune manière le rapport des salaires des travailleurs aux revenus des capitalistes et qui tournerait même *entièrement* à l'avantage de ces derniers.

L'emprunt facilite l'accroissement des capitaux, puisqu'il est un moyen d'appeler pour les charges tous les capitaux les plus mal employés et qu'il dérange par conséquent le moins possible les travaux de l'atelier ; cette première partie n'a pas besoin d'explication.

Si ce mode d'appel des capitaux favorise l'accroissement du capital, *la forme du titre de crédit* favorise l'accroissement dans les mains du travailleur en provoquant la baisse de l'intérêt.

Quelques préliminaires sont indispensables pour saisir cette deuxième partie de notre proposition.

Tant que les travailleurs consacreront une partie de leurs produits à payer une prime aux oisifs qui leur prêtent les instruments et les ateliers de travail, le *mode de rédaction* du contrat de louage indiquera toujours la position relative des deux contractants ; ainsi le fermage nous donne, sur l'importance sociale du cultivateur de nos jours, une plus haute idée que ne peut nous en présenter le bail passé avec un métayer, ou la tâche imposée à un esclave. Or, de tous les contrats de ce genre, celui qui certainement est le plus favorable aux travailleurs et qui, par conséquent, donne la plus haute idée du rôle qu'il joue dans la société, n'est-ce pas celui qui serait conçu à peu près en ces termes ? Je m'engage à payer annuellement à mon prêteur et à perpétuer le 20 (ou tout autre proportion) du capital qu'il me prête ; *me réservant*), quand cela pourra me convenir, de lui rembourser ce capital, ou de lui offrir l'alternative d'une réduction d'intérêt. Remarquons que ce mode de rédaction, *indépendamment* de la quotité du taux fixé pour l'intérêt, est favorable au travailleur et que c'est dans la rédaction même qu'on aperçoit une cause de la baisse de l'intérêt.

L'emprunt, sans condition obligée de remboursement, sans amortissement, n'est pas autre chose.

Maintenant arrivons à la preuve de cette assertion : la forme *des titres de crédit* créée pour les emprunts successifs substitués à l'impôt est une cause directe de la baisse de l'intérêt.

Le prélèvement par l'emprunt des fonds disponibles dans les mains des capitalistes et leur remplacement par un titre de rente constituée à perpétuité, remboursable à la volonté du prêteur, place ces capitalistes dans une position toute nouvelle sur le marché.

En effet, le nombre des engagements à terme étant moins considérable qu'il ne l'aurait été dans le cas de l'impôt, les travailleurs sont plus en état de les rembourser à leurs échéances qu'ils ne l'auraient été s'il avait fallu emprunter eux-mêmes pour payer l'impôt. En un mot, les titres d'emprunt ne donnent jamais lieu comme les autres titres de crédit à *renouvellement*. Or, c'est à ce moment surtout que les oisifs sont dans la position la plus favorable pour exploiter les travailleurs ; il résulte de là que tous les renouvellements qui restent à faire pour les prêts particuliers, pour le crédit privé, sont obtenus à des conditions meilleures pour le travail, ou que dans d'autres termes l'intérêt tend à baisser.

Surtout ici une objection se présente : les emprunts successifs donnent lieu à la création continue de titres de crédit dont le nombre s'accroît dans une proportion prodigieuse. Quel est le résultat de ce rapide accroissement? Ne porte-t-il pas le trouble dans la société?

D'abord le nombre des nouveaux titres de crédit n'est pas aussi prodigieux qu'il le paraît d'abord; par l'emprunt, il y a des titres de crédit public, là où il y aurait un titre de crédit privé, car la presque totalité des matériaux appelés par l'emprunt ne devenaient pas inutiles dans les mains des capitalistes et donnaient par conséquent lieu à un prêt quelconque, annulé par l'introduction du système d'emprunt et remplacé par un titre de rente sur l'État. Cependant cet accroissement existe, puisque de nouveaux titres sont créés réellement pour tous les cas où l'impôt n'aurait pas donné lieu à des emprunts particuliers, et qu'il y a stipulation de rentes pour des fonds qui par l'impôt auraient été enlevés sans retour, sans intérêt aux contribuables; car l'emprunt promet un intérêt annuel à des hommes auxquels l'impôt n'aurait rien promis : une quittance d'imposition n'est pas un titre de propriété, n'est pas un titre de crédit; un coupon de rente au contraire a ce caractère, c'est à cela seul que se réduit l'accroissement des titres; et ce serait une erreur de croire que, parce qu'on emprunte, chaque année, pour payer les dépenses publiques et même faire face à l'intérêt des emprunts précédents, l'accroissement des titres s'élève dans une autre proportion que celle qui vient d'être déterminée ; car si, au lieu d'emprunter, on avait imposé pour payer ces dépenses publiques et servir un intérêt aux rentiers, cet impôt comme tous les impôts aurait donné lieu à la création d'une grande quantité d'emprunts particuliers.

En d'autres termes, tous les capitaux de la société se divisent en deux classes : ou ils appartiennent aux industriels qui les emploient, ou ils sont la propriété d'oisifs qui les leur prêtent, et donnent par conséquent naissance à un titre de crédit. L'emprunt crée, il est vrai, des titres de propriété sur des matériaux qui vont être détruits, et qui n'auront plus après leur destruction de représentant dans la société ; mais, nous le répétons encore, l'impôt aurait donné lieu à la création de contrats particuliers de prêt pour les mêmes matériaux prélevés par les receveurs des contributions. L'emprunt ne fait donc que ce qu'aurait produit l'impôt sous ce rapport.

Après nous être ainsi rendu raison de l'accroissement réel des titres de crédit produit par l'emprunt, il est cependant bon d'ajouter, pour porter ces données jusqu'à l'évidence, une hypothèse qui les rendra parfaitement sensibles. L'amortissement, puisqu'il est alimenté, prélève des capitaux qui, dans l'atelier social, donnaient lieu à un prêt; l'impôt annule le prêt, et le titre qui représentait ce prêt n'existe plus; mais du moment où l'amortissement achète à un rentier un coupon de rentes, ce rentier renouvelle avec un industriel le prêt que l'impôt avait détruit, et l'amortissement de son côté brûle le coupon de rente. Ainsi l'emprunt annule un titre de crédit et en crée un autre, l'amortissement détruit et donne lieu au rétablissement de celui qui avait été annulé primitivement par l'emprunt.

L'accroissement est donc dû uniquement à cette cause, savoir, qu'une partie des capitaux qui auraient servi à l'impôt n'aurait pas donné lieu à un prêt à intérêt, à la création d'un titre de crédit, tandis que l'emprunt est toujours un prêt pour tous les propriétaires de ces capitaux.

Mais cet accroissement successif suffit pour que l'objection reste dans toute sa force; il semble même tout à fait contradictoire avec nos principes, puisqu'il augmente les droits annuels des capitalistes sur les produits sociaux, car un titre de crédit est un droit à une rente; mais c'est précisément dans cette contradiction apparente que nous apercevons la cause de la baisse de l'intérêt, c'est-à-dire la diminution de la rente payée aux capitaux.

Le nombre des engagements augmentant sans que pour cela celui des engagements à terme ait augmenté, et cet accroissement ayant même empêché l'accroissement des titres à terme, qui auraient été créés pour satisfaire à l'impôt, si l'emprunt n'avait pas été établi, il en résulte que les travailleurs, pour leurs emprunts particuliers, sont plus facilement en position de payer à échéance et par conséquent en meilleure situation pour obtenir des conditions favorables de renouvellement, et ainsi faire consentir les oisifs à réduire leur part. C'est ce que nous avons déjà démontré.

Or, si l'intérêt baisse dans toutes les transactions, le prix des rentes s'élèvera et l'on pourra alors présenter aux rentiers l'alternative d'un remboursement ou d'une réduction d'intérêt sur la dette publique.

Cette dette ainsi réduite représentera un capital nominal aussi grand, il est vrai, mais la part annuelle sera diminuée et c'est le seul point important, car, dans toute espèce de rente, ce qu'il faut examiner, c'est le droit que ces rentes donnent à leurs propriétaires sur les produits sociaux et non le capital qu'elles représentent, puisqu'il n'est pas remboursable. On peut concevoir le capital nominatif à l'intérêt comme formant les termes de deux séries, l'une croissante, l'autre décroissante, et le rapport des deux séries peut être tel que, malgré l'apparent prodige de l'élévation du capital dont les oisifs sont crédités, leur revenu annuel aille toujours en diminuant. *Le prodige de l'élévation du capital n'est pas plus étonnant que le prodige de la baisse de l'intérêt*, et peut donner lieu à des objections semblables qui ne peuvent être repoussées convenablement qu'en se plaçant au point de vue le plus élevé sous ce rapport, c'est-à-dire en remontant au principe de la constitution de la propriété.

Si nous avons montré comment l'emprunt substitué à l'impôt favorisait l'accroissement du capital social et provoquait la baisse de l'intérêt, c'est parce que nous avons pu prouver, d'une part, qu'il appelait à la consommation publique les capitaux les plus mal employés ; d'une autre, qu'il changerait d'une manière favorable aux travailleurs, la forme, la rédaction des contrats d'emprunt, du titre, constatant la transmission de la propriété des mains de l'oisif à celles du travailleur ; nous pouvons donc, à notre tour, poser cette question : comment la propriété doit-elle être constituée pour que l'on puisse prendre directement et le plus facilement possible, pour les dépenses publiques, les matériaux dont l'absence produit le vide, et pour que les instruments d'industrie soient *livrés* à perpétuité aux mains des travailleurs.

En nous plaçant à ce point de vue, l'emprunt substitué à l'impôt ne paraît lui-même que comme un moyen tout à fait transitoire ; aussi passager que le fermage, par exemple, et aussi important que lui, pour atteindre une meilleure constitution de la propriété ; constitution dans laquelle les instruments de l'industrie seraient à la disposition des travailleurs et dans laquelle aussi les dépenses sociales seraient payées au moyen de l'excédant annuel de la production sur la consommation, c'est-à-dire par le versement dans les caisses du gouvernement du compte des profits et pertes des industriels.

Cette condition d'être un moyen transitoire place l'emprunt dans une situation semblable à ce qu'est pour nous aujourd'hui l'amortissement, car s'il n'avait pas une face sous laquelle il n'est lui-même qu'une illusion, une espèce de jonglerie (comme l'amortissement), il serait l'objet de nos désirs définitifs, et nous voulons mieux que cela. Or, il y a illusion, jonglerie dans les emprunts successifs, en ce sens qu'emprunter pour payer les intérêts d'une dette, c'est prendre dans la poche d'un oisif ; par conséquent cela n'a directement aucune utilité quant aux dépenses publiques qui sont la cause réelle de l'emprunt et pour lesquelles il s'agit de prélever une partie des produits sociaux ; ce système est donc une jonglerie comme l'amortissement ; ils donnent lieu l'un et l'autre à des virements de partie, à des mouvements de fonds inutiles à la production, nuisibles même quand on se place au point de vue de l'avenir, mais nécessaires ou du moins favorables à la réalisation de cet avenir.

En nous résumant nous dirons donc :

L'emprunt substitué à l'impôt est un moyen *transitoire* d'arriver d'une part au prélèvement direct des matériaux les plus mal employés, de l'autre, de mettre enfin les instruments à la disposition pleine et entière des travailleurs ; il produit ces deux résultats :

1° Parce qu'il séduit par l'appât d'une rente les détenteurs de matériaux dormants ;

2° Parce qu'il donne au contrat de prêt une forme plus favorable au travailleur, puisqu'il ne détermine aucun terme de remboursement. Le système des emprunts successifs augmente la somme nominale du capital des titres de crédit, mais il favorise la diminution progressive de la rente donnée aux oisifs pour ce capital. La seule objection qui pourrait être faite est celle-ci : la décroissance de la rente est-elle plus rapide que l'accroissement du capital nominal non exigible : mais posée, dans ces termes, l'objection ne peut être résolue qu'en se plaçant au point de vue général de la croissance progressive des travailleurs comparée à la décroissance des oisifs, parce qu'une foule d'autres éléments tendent à provoquer ce grand progrès social ; tout ce qu'on peut dire, c'est que l'emprunt favorise ce progrès, puisqu'il facilite la production, et qu'il place le travailleur dans une position meilleure pour opérer les renouvellements de ses emprunts particuliers avec les oisifs ; il serait impossible de réduire en chiffres la loi de la série de décroissance à laquelle l'intérêt est soumis, et la comparer à la loi de croissance du capital reconnu comme propriété de l'oisif, par la raison qu'on ne peut pas calculer par quantités fixes, l'influence morale résultante de cette importance nouvelle qu'acquiert le travailleur, quand il n'est plus obligé de solliciter la bienveillance de l'oisif pour ces renouvellements ; il faut se contenter de déterminer la tendance et d'exprimer les résultats de cette importance croissante, résultats qui se témoignent dans l'objet qui nous occupe, c'est-à-dire dans les transformations successives des contrats de vente passés entre les oisifs et les travailleurs par trois termes formulés de la manière suivante : 1° *remboursement* à la volonté du prêteur ; 2° *échéance déterminée*, l'époque du prêt est acceptée par l'emprunteur et le prêteur ; 3° stipulation d'intérêt *sans échéance* de remboursement de capital autre que celle que fixera le travailleur, suivant la facilité qu'il aura de s'acquitter.

Mais, cette série, comme on le voit, est une de celles qui tendent (ainsi que toutes celles qui représentent l'apanage de l'oisiveté) à disparaître, car sa loi exprime une tendance constante vers l'annulation complète de l'intérêt et vers le remboursement du capital ; tant qu'on examine un seul terme de cette série, on est dans le faux, dans l'illusion, dans la jonglerie, comme on y est encore aujourd'hui, quand on propose par exemple de remplacer le bail à moitié fruit par le fermage, car le fermage est aussi une source d'illusions; on peut en juger par les discussions sur l'impôt direct et sur l'impôt indirect, distinction qui n'existe que parce que les produits se divisent suivant les publicistes en deux mains, les *propriétaires* qu'ils appellent producteurs, et les consommateurs, ce qui leur fait dire qu'il faut un impôt de production et un impôt de consommation, un impôt sur le fermage et en outre un impôt sur les fruits vendus par le fermier pour payer son fermage, de même que lorsque l'on compare l'impôt payé en argent à l'impôt prélevé en nature comme la dîme, on peut dire que le dernier est plus *équitable*, puisqu'il ne prend qu'à proportion des produits ; on peut ajouter qu'il remonte à la source de tous les produits, puisqu'il va les prendre, au grenier, à la cave, sur le champ du cultivateur. Tout cela est vrai, et cependant il y a avantage pour le travailleur à ce que l'impôt soit payé en monnaie, de même que le fermage est plus favorable pour lui que le partage des fruits, dont, malgré les détours que l'impôt en argent, que le fermage, que l'emprunt font faire aux produits, malgré les illusions qu'ils font naître, ils ont un effet indépendant de ces détours, de ces illusions, car ils sont eux-mêmes soumis à la loi générale des progrès sociaux, qu'ils contribuent pour leur part à développer : c'est donc sous ce rapport surtout qu'il convient de les apprécier.

Il est encore nécessaire d'ajouter comme conclusion de tout ce qui précède, que la substitution de l'emprunt à l'impôt déterminant un acccroissement de produits sociaux et la baisse de l'intérêt (ces deux avantages peuvent se formuler plus simplement ainsi : *accroissement des capitaux dans les mains des travailleurs*, cette formule comprenant les deux résultats énoncés), il en résulte que ce système tend constamment à aider les intelligences à comprendre que les emprunts ne sont eux-mêmes qu'un moyen ingénieux, mais voilà tout, d'arriver à un état social meilleur, dans lequel ils seront, à leur tour, considérés comme un jeu de l'adolescence humaine, comme une conception *ontologique*, entachée du *vice radical*, l'existence d'une classe oisive, vivant du travail des autres, et consacré par le respect public pour le *saint droit de la propriété*. On pourra s'étonner de ce que les oisifs n'aient pas compris, au XIXe siècle, que leur existence était attaquée dans sa base par le système des emprunts; mais l'étonnement cesse quand on remarque qu'il en a été constamment ainsi de tous les faits généraux humains auxquels ils ont pris part comme les travailleurs, et qui devaient hâter leur ruine. Proposer aux oisifs de substituer les emprunts aux impôts, c'est vouloir les duper, puisque c'est réellement miner le droit de propriété ; faut-il, pour cela, continuer à imposer? Non, pas plus qu'il n'est bon de conserver le droit d'aînesse, palladium de l'oisiveté héréditaire. Pour agir immédiatement sur les oisifs de nos jours il n'y aurait qu'une chose à leur dire : Constituez des banques ; aliénez à perpétuité en faveur de ces nouvelles Sociétés vos propriétés ; faites-vous nommer par elles, si vous avez la capacité nécessaire, gérants de ces établissements, ou prenez encore, si vous n'avez jamais rien appris, quelque place facile de surveillants ; n'attendez enfin vos revenus que de votre travail, voilà votre avenir, dépêchez-vous d'y arriver. Mais un pareil langage ne serait pas entendu, les travailleurs n'ont pas assez de capitaux à eux ; leurs représentants (les banquiers) n'ont pas encore assez d'importance, et les industriels ne se rattachent pas encore assez à eux. Enfin l'intérêt est encore trop haut. Or, l'emprunt facilite l'accroissement des capitaux, il donne de l'importance aux banquiers, il fait baisser l'intérêt, empruntons donc. (*Fin de la note.*)

« Voici, mon cher monsieur, une petite note mathématique à joindre à ce que je vous écris sur les emprunts, elle à pour but de répondre à l'objection tirée de l'absurdité qui paraît résulter de l'accroissement successif et prodigieux de la dette publique ; mais faites-y attention, si tous les faits sociaux ne tendaient pas à la baisse de l'intérêt, si les emprunts eux-mêmes n'y contribuaient pas, le problème mathématique résolu ici n'aurait d'importance que comme exercice d'esprit ; il ne saurait donc servir à montrer la nécessité de substituer les emprunts aux impôts, ni la possibilité d'effectuer une telle opération ; il répond simplement à ceci : y a-t-il absurdité dans le projet qui a pour résultat d'emprunter annuellement les sommes nécessaires aux dépenses publiques, plus les intérêts des emprnnts précédents, et cette absurdité ne consiste-t-elle pas dans l'élévation infinie de la dette publique ? La solution du problème dit non, et elle indique les conditions auxquelles l'emprunt doit être soumis, quant à l'intérêt, pour éviter l'absurdité.

Le problème à résoudre est celui-ci :

En admettant un emprunt primitif et annuel E qui ait commencé à s'effectuer au denier D, on demande à quels deniers successifs et croissants on devrait emprunter pour couvrir, *au moyen d'une rente constante,* l'emprunt annuel E, et toutes les rentes inscrites. La loi est celle-ci : Le denier s'accroît chaque année d'une unité; ainsi il sera double, après vingt ans, si l'emprunt primitif s'est exécuté à 5 p. °/₀.

Si le denier croît de l'unité de temps, la rente sera constante ; si le denier croît un peu plus vite, si par exemple les accroissements successifs des deniers, au lieu d'être égaux, croissent eux-mêmes dans une progression géométrique, quelque faible que soit le quotient de cette progression, les rentes annuelles à négocier décroîtront en sens inverse dans le même rapport, et la totalité des rentes inscrites sur le grand-livre s'accroîtra indéfiniment, *mais en tendant vers* une limite finie qu'elle n'atteindra jamais. Par exemple, si les accroissements successifs du denier s'élèvent chaque année dans la proportion de 100 à 101, les rentes inscrites diminuent chaque année dans la même proportion, *par suite de la réduction d'intérêt* sur chaque négociation annuelle[1].

Ainsi, en partant de l'intérêt de 5 p. °/₀, au bout de vingt-huit ans environ (en suivant cette proportion $\frac{3}{3}$ de $\frac{100}{101}$ dans les accroissements du denier), le denier sera monté à 50, c'est-à-dire le taux de l'intérêt sera réduit à 2 p. °/₀, mais jamais la totalité des rentes inscrites n'atteindra le *centuple* de la rente (telle est la limite fixée) ou le quintuple du premier emprunt; par exemple, jamais les rentes inscrites ne s'élèveront à cinq milliards, s'il s'agit d'une rente annuelle de 50,000,000 à 5 p. °/₀.

Vous voyez d'après ceci que la baisse de l'intérêt peut être combinée de manière que les emprunts successifs ne donnent jamais lieu à l'objection de la quantité *infinie* de rentes inscrites ; que cette objection ne pourrait donc être faite qu'autant qu'on aurait préalablement prouvé que la tendance à la baisse de l'intérêt signalée

1. Ce que je dis ici acquiert une bien autre force si l'on suppose que la réduction d'intérêt opérée pour chaque emprunt affecte également les rentes précédemment inscrites, et diminue par conséquent la somme totale des rentes dans une proportion plus grande que celle que j'ai indiquée.

par nous n'existe pas ; or, nous sommes d'autant plus autorisés à reconnaître la nécessité de cette condition continue de la rente faite aux oisifs par les travailleurs, que le mode d'emprunt lui-même, précisément à cause de l'accroissement qu'il donne au titre de crédit le plus avantageux aux travailleurs, contribue puissamment à préparer cette réduction. (*Fin de la lettre d'envoi du redacteur de la note.*)

XXVIe LETTRE

A RESSEGUIER

Paris, 8 janvier 1828.

Voici encore une lettre, mon cher Monsieur, avant de vous envoyer votre paquet de livres; il doit partir avec un autre paquet que M. Barrault envoie à un ami de votre ville, ce qui retarde son expédition. D'ailleurs, la lettre de P... n'est pas encore finie, il lui donne de longs développements qui lèveront, je l'espère, une partie de vos doutes. Je profiterai moi-même de cette occasion-ci pour vous dire quelques mots préparatifs sur les sujets que P... a traités.

Vous verrez par la lettre de Bazard, et par l'avis qui y est joint (avis qui n'est répandu qu'en bonnes mains) comment nous voulons faire marcher la doctrine, en l'an de grâce 1828, et sous quelle forme nous comptons la donner au public. Dites-nous-en votre avis. Le prospectus ne paraîtra que lorsqu'on se sera assuré le nombre de souscripteurs nécessaires pour assurer la marche de l'entreprise. Deux libraires, *Aucher-Éloi* et *Teste,* ont pris l'engagement de compléter la souscription quand vingt-cinq actions seraient prises; il y en a déjà une douzaine prises depuis le peu de jours que l'avis ci-joint est publié, et tout fait espérer que cela se remplira promptement.

Vous basez votre objection à la baisse progressive de l'intérêt, c'est-à-dire de la part des produits du travail attribué au *privilége* de donner en location les places ou les instruments d'industrie sur le débat contradictoire de *l'offre* et de la *demande,* c'est un cercle vicieux. Pourquoi y a-t-il des gens qui offrent et d'autres qui demandent? C'est que les *uns possèdent* ce que d'autres ne possèdent pas. Pour juger la question d'intérêt, il faut donc remonter au droit de propriété, à ce privilége accordé à certains individus de vivre du travail d'autrui, de forcer la société à consacrer une partie des forces au moyen desquelles elle agit à leur entretien physique ou moral. Il faut donc examiner ce phénomène social, le droit de propriété comme tous les phénomènes, c'est-à-dire historiquement, et voir comment le droit de propriété, a toujours été en rapport avec les besoins physiques et moraux de la société, et quelle est la loi de la série qui renferme les phénomènes relatifs à la portion des produits du travail attribuée à la qualité de propriétaire, ou bien, sous un autre point de vue, rechercher sous quelles conditions l'organisation sociale a permis que certains individus, certaines classes de la société jouissent des avantages que présentent les meilleures places sur les plus mauvaises[1], les avarices

1. Vous savez que Ricardo a démontré que telle était l'origine de ce qui constitue le fermage; seulement il a fait une fausse application de ce principe bien vrai, parce qu'il ne s'ensuit pas de ce qu'il y a lieu à prélever un fermage sur une terre, qu'il faille nécessairement faire consommer ce fermage à un homme, parce qu'il est *propriétaire* de cette terre, il serait possible de le faire consommer à un autre individu à tout autre titre ou même de l'appliquer aux dépenses publiques.

habiles sur les plus maladroites; mais envisager l'offre et la demande ne peut donc servir à rien dans tout ceci; et, en effet, imaginez que la propriété des places et des instruments appartient à un seul individu; cette hypothèse n'empêcherait pas de concevoir une organisation sociale très-favorable à la production et dans laquelle tous les individus seraient, par rapport au grand propriétaire, des gérants commandités. La convention qui déterminerait les avantages attribués à la qualité de commanditaire dépendrait, si vous voulez, du débat contradictoire de l'offre et de la demande entre le grand propriétaire et ses gérants; mais ne voyez-vous pas que cette convention, qui n'est pas autre chose que la législation de la propriété, peut être basée tantôt sur cette opinion commune qu'il est de l'intérêt de tous, gérants et propriétaires, que le propriétaire soit bien nourri, bien fort, bien dégagé par son aisance de tous les soins nécessaires pour songer à se nourrir, se loger, se vêtir, afin qu'il soit toujours prêt à mettre casque en tête et épée au poing et à se battre pour voler le voisin ou empêcher que le voisin ne vole; tantôt, au contraire, il serait possible que l'opinion commune, changeante sans être pour cela plus déraisonnable, on convînt que tout ce qui précédemment était attribué au grand propriétaire pour lui donner les moyens de vivre noblement, de monter à cheval, chasser, danser, s'escrimer et gymnastiquer en tous genres, ne lui fût accordé qu'à une condition, c'est qu'il serait tellement éclairé, sous les trois rapports d'industrie, de beaux-arts et de sentiment, que la société pourrait le prendre pour guide; en d'autres termes et pour abréger la fiction, les meilleurs ouvriers et les meilleures places donnent une quantité de produits plus grande que les instruments mal employés et les plus mauvaises places n'en donnent. C'est la production de ces derniers qui indique la limite des besoins que les classes les plus nombreuses satisfont à chaque époque de civilisation; cette différence donne un surplus dont presque tous les producteurs étaient complétement privés à l'époque de l'esclavage, et qui servait à l'entretien des directeurs sociaux *institués alors* et aux dépenses d'utilité publique; ce surplus qui existait alors, existe encore, il existera toujours, puisqu'il tient à ce que toutes les places ne sont pas également bonnes et tous les outils ne sont pas également bien employés, parce que *les hommes n'ont pas la même habi-*

leté ; ainsi quand nous disons l'*intérêt* baisse, ce n'est pas cette quantité de produits disponibles qui diminue, nous voulons seulement dire que la quantité de ces produits qui est accordée *à la pure oisiveté*, c'est-à-dire *au titre propriétaire qui n'est plus une fonction sociale* (comme à l'époque du fief), va toujours en diminuant. Nous ne disons donc pas qu'il viendra un jour que tel fermier qui paye aujourd'hui 1,000 francs de rentes à son maître, et 300 francs d'impôt, gardera pour lui tout le produit de son domaine, il payera peut-être encore 1,300 francs, peut-être plus, mais à qui? Voilà la question; sera-ce à l'homme qui se sera donné la peine de naître? Sera-ce à la société dont il fera partie et qui aura des intérêts généraux à soigner dont un *fermier d'un coin de terre* n'a aucune idée? C'est là, dis-je, la question. Je crois que maintenant elle vous sera facile à résoudre.

Adieu, mon cher Monsieur, je suis tout à vous et vous fais les compliments sincères de tous les producteurs.

P. E.

XXVIIe LETTRE

—

A RESSEGUIER

Paris, mai 1828.

J'espère, mon cher Monsieur, que, d'après le résumé général du passé que vous donne P..., sous le rapport spirituel, il vous sera facile de vous former une idée nette de la manière dont l'école envisage ce mot : *la propriété*. Vous devez sentir qu'avec des données semblables sur le pouvoir spirituel, on aurait l'ensemble de l'organisation politique des sociétés; ce serait même alors et seulement alors, que chacune des deux parties pourrait être réellement complétée; car, quel que soit le degré d'abstraction auquel il faille s'élever pour juger une question de l'ordre temporel ou de l'ordre spirituel, comme ces questions ne s'isolent jamais complétement par le fait, on s'exposerait à errer en se tenant dans les spécialités, puisqu'on ne serait pas au point de vue politique. En d'autres termes, le sort de l'homme, dans l'avenir, ne peut être bien apprécié, sous le point de vue de membre d'une famille industrielle, qu'autant que l'on sait quelles seront ses fonctions comme membre d'une famille spirituelle. Je prends cette précaution avant de vous donner quelques développements qui me semblent propres à renforcer l'effet que produira sans doute sur vous la rigoureuse exposition scientifique de P..... Par ce moyen je vous oblige, chaque fois que j'omettrai la sanction sentimentale, ou que je négligerai de vous rappeler l'influence des progrès rationnels, à faire vous-même le travail nécessaire pour comprendre comment *l'éducation* et la *législation prépareront* et *maintiendront* l'harmonie des relations temporelles dans laquelle vivra l'homme de l'avenir.

J'ai encore une précaution à prendre : ne donnez pas aux détails d'organisation plus d'importance que je n'y en attache moi-même; toutes ces *formes* ne sont que des hypothèses, de purs jeux d'imagination, si vous voulez, et qui n'ont pas d'autre but que de donner de la vie à une idée générale philosophique.

P. E.

XXVIIIe LETTRE

A THÉRÈSE

17 août 1828.

...... Je m'occupe dans ce moment de quelque chose pour toi, ma chère Thérèse ; j'espère te montrer que notre doctrine mène droit au ciel, qu'elle est l'accomplissement obligé des ordres de Dieu, qui a voulu que l'espèce humaine améliorât constamment son existence physique, morale et intellectuelle, pour lui rendre un culte de plus en plus digne de lui. Si nous ne le lui rendons pas aujourd'hui, ce culte perfectionné, c'est notre faute, car nous sommes plus riches, plus instruits et surtout plus humains que ne l'étaient les chrétiens du moyen âge ; la misère, l'ignorance, le vice excitent davantage notre commisération et notre blâme. Combien serait impie l'idée qu'on se ferait des desseins de Dieu si l'on pensait qu'il voulût qu'on l'adorât aujourd'hui comme on l'adorait lorsque les peuples étaient continuellement en guerre, lorsque, pendant *l'apparence* même de la paix, une partie de l'espèce humaine était exploitée, enfin lorsqu'on célébrait le Dieu des armées, comme si Dieu pouvait encore être aujourd'hui le Dieu du sang. Le Dieu pacifique du travail, le Dieu qui a voulu que l'espèce humaine passât par ces longues *institutions* de souffrance pour accomplir un jour sa loi dans sa pureté philanthropique, est bien le Dieu vengeur, le Dieu terrible qu'invoquaient nos aïeux, mais il l'a dit lui-même, son règne arrivera. C'est toujours le même Dieu; mais n'est-il pas mieux compris par nous qu'il ne pouvait l'être par des hommes qui vivaient presque dans la barbarie? Ne pouvons-nous pas chanter plus dignement ses louanges, nous qui sentons que nous touchons à l'époque où son règne va arriver? Dieu nous a dit, par Jésus-Christ, de nous aimer en frères; nous avons détruit l'esclavage, mais, après nous être donné la main, que devons-nous faire? Dieu ne l'a pas révélé il y a dix-huit cents ans, on ne l'aurait pas compris; l'état de fraternité chrétienne était trop éloigné pour qu'on pût sentir alors ce que ferait cette grande association. Il a proclamé aujourd'hui sa volonté; nous savons ce qu'il veut que l'humanité fasse, quelles sont les lois que sa volonté nous impose pour assurer notre bonheur, pour apprendre à bénir ses bienfaits. Les chrétiens ont senti la grandeur et la bonté de Dieu, ils ont dit : *Que votre règne arrive,* parce qu'ils pensaient bien que ce règne, quel qu'il fût, qu'ils entrevoyaient bien vaguement, ne pouvait être que le règne du Roi le plus puissant, du Père le plus tendre ; mais quelles seraient les lois de ce royaume divin? Ils l'ignoraient complétement ; aussi se bornaient-ils à dire : *Rendons à César ce qui est à César*. Mais César n'est plus et surtout *ne doit* plus être une épée couronnée, et, lorsque Jésus-Christ apparut au monde, César n'était pas autre chose. César sera aujourd'hui le chef des travaux pacifiques ; ce sera l'homme dont toute la puissance sera employée à améliorer constamment *le sort de la classe la plus pauvre* qu'il faisait gémir autrefois dans l'esclavage. César sera l'homme le plus capable de présider à l'exécution du plan tracé par Dieu pour l'amélioration de sa créature privilégiée ; car le pauvre, le faible, voilà réellement la créature chérie de Dieu ; c'est elle qu'il soutient, qu'il élève, et c'est par notre dévouement pour elle qu'il juge nos mérites, qu'il nous châtie ou nous récompense.

Le langage du ministre des autels doit-il donc rester constamment le même? Réponds toi-même, ma chère Thérèse, toi qui souffres lorsqu'on attaque bêtement les prêtres, mais toi qui comprends assez peu leur mission pour penser qu'ils ne doivent pas se mêler de politique. Est-ce que si le règne de Dieu doit arriver, ce n'est pas au ministre du Seigneur à faire exécuter ses lois ? Qu'ils restent dans le sanctuaire tant que le règne de César, tant que le règne de la force brutale existe ; mais lorsque le Dieu de la paix, lorsque les idoles qu'adoraient César et son peuple, lorsque le sanctuaire s'élargissant couvre le monde, lorsque l'espèce humaine tout entière, affranchie par le christianisme, peut y entrer et écouter la voix de Dieu, que cette voix se révèle par l'organe de ses ministres, qu'ils nous apprennent quels sont les décrets souverains de la Providence, comment elle veut que nous combinions nos efforts, que nous nous organisions pour nous rendre dignes d'elle, c'est-à-dire pour perfectionner la faculté qu'elle nous a donnée.

Les prêtres ne sentent pas leur avenir, ils se plaignent qu'on leur dispute leur passé ; ils devraient, s'ils connaissaient la volonté de Dieu, s'en féliciter. Dieu veut qu'ils soient les instituteurs du genre humain, qu'ils soient les plus savants, les plus dévoués, mais il ne veut pas qu'on enseigne à perpétuité ce qu'on enseignait sous l'empire du glaive. Qu'un homme pénétré de sa mission apostolique sorte aujourd'hui des rangs du clergé, qu'il fasse rougir ses frères de leur ignorance, qu'il leur montre le progrès que Dieu a fait faire à son peuple, et ceux qu'il ordonne aujourd'hui d'accomplir encore. Ne parlaient-ils donc pas politique, ces grands hommes dont la voix puissante a fait tomber les chaînes de l'esclave? Le clergé laissait-il aux laïques tout l'honneur de ce grand témoignage de l'obéissance humaine aux volontés de Dieu? Ils ont dit jadis aux maîtres : Vos esclaves sont vos frères, et les chaînes sont tombées. Aujourd'hui n'existe-t-il pas plus d'hommes qui vivent du travail du peuple dans la lâche oisiveté? Les hommes ne jouissent-ils pas encore du travail de leurs esclaves, ne se nourrissent-ils pas de leurs sueurs? Moins barbares qu'autrefois, ils ne sont pas moins avides; l'homme, à leurs yeux, a création de Dieu, n'est encore qu'un instrument de plaisir qu'ils usent, fatiguent à leur gré, et ils se croient chrétiens! Et les prêtres! ils disent qu'ils parlent au nom de Dieu, et ils ne nous annoncent pas la fin de cette longue désobéissance à ses ordres, et ils n'écrasent pas de leur éloquence les hommes qui tendent à la prolonger! Comment pourraient-ils nous pénétrer d'amour pour le Tout-Puissant! Ils ne nous révèlent pas ce que nous réserve sa bienveillante sollicitude pour l'humanité; que dis-je? ils nous annoncent un avenir sinistre, la fin du monde, le châtiment divin réservé à qui? à l'espèce humaine affranchie, à l'espèce humaine mieux disposée mille fois à recevoir avec enthousiasme les ordres divins qu'elle ne l'était à l'époque des orgies des empereurs romains, *si rapprochée de la* naissance du Christ. Que la voix de Dieu se fasse entendre avec la force qu'elle avait dans la bouche de saint Paul; les Corinthiens de nos jours l'écouteront, ils ne sont pas plus irréligieux que ne l'étaient les élèves des philosophes de l'empire romain. Les augures ne pouvaient pas se regarder sans rire à l'époque de Cicéron; nos augures aujourd'hui sont aussi rieurs que les autres, car ils ne savent plus lire dans l'avenir, ils ne savent pas qu'ils ont quelque chose à annoncer au monde, *ils ignorent la bonne nouvelle*. Les Romains assistant, au Cirque, à la boucherie des esclaves; les Romains, souillés de tous les vices, plongés dans la plus sale débauche, ne connaissaient pas d'autre Dieu que l'or, d'autre moyen de réussir que l'assassinat, d'autre amour que celui de Messaline; les Romains se sont convertis au christianisme, et l'on désespérerait de nous!

Non, mes chères amies, nous croirons encore que Dieu préside à nos destinées; nous croirons qu'il nous a condamnés à cette longue épreuve de désordre, de lutte, de guerre pour nous faire mieux chérir le bonheur qu'il nous réservait; nous croirons surtout qu'il nous a donné les moyens de connaître ce qu'il faut faire pour que l'espèce humaine présente à ses yeux le spectacle qu'il attend d'elle, c'est-à-dire le spectacle d'une société pacifique organisée pour le travail, dirigeant en commun tous ses efforts pour embellir la terre qu'il a créée, pour rendre meilleurs les hommes auxquels il a donné le pouvoir de se rapprocher sans cesse de lui, en élevant leurs sentiments, en développant leur intelligence; or, ces moyens de nous organiser comme il le désire constituent la science de la *politique;* nous croirons donc que c'est à ses ministres à nous enseigner les éléments de cette science, à nous en faire admirer la grandeur, chérir l'utilité. Voilà la théologie de nos jours, car la théologie, c'est la connaissance de Dieu;

et comment connaître Dieu si ce n'est par ses œuvres, et quelle œuvre plus sublime que l'espèce humaine ?

Ne t'étonne pas, ma chère Thérèse, si tu m'entends parler ainsi de Dieu ; ne te tiens pas sur la défensive, ne cherche pas un piége que je tendrais à ta bonne foi, à ta confiance en moi, tu m'as vu changer pour bien des choses ; tu m'as vu aimer la gloire militaire, je la trouve odieuse : tu m'as vu, défenseur de la Charte, mêler quelquefois quelques accents libéraux aux concerts d'Émile et de Saint-Cyr, mais tu m'as vu depuis rire de leurs divinités constitutionnelles, tu m'as entendu les traiter du haut de ma grandeur, tu as même quelquefois trouvé mes mépris exagérés. Saint-Simon ne pouvait pas renouveler seulement la moitié de moi-même, il a chassé aujourd'hui tout à fait le vieil homme; comme le patron de notre cher Auguste, j'ai été l'élève des manéchiens de notre époque ; je leur fais la guerre aujourd'hui ; malheureusement, je n'ai pas la puissance de cet illustre modèle, mais mon Dieu n'est pas immuable dans la volonté qu'il exprime à l'homme, car l'homme change, et à chaque époque c'est un ordre *particulier* de Dieu qu'il exécute. Prétendre que Dieu a fait connaître autrefois tout ce qu'il avait à dire, c'est lui prêter une conduite absurde. Et pourquoi aurait-il dit ce qu'il pensait ne pas être senti? C'est précisément parce que son plan est arrêté de toute éternité, que son langage varie à chaque étage que l'humanité construit : tantôt il courbe l'homme vers la terre pour creuser les fondations du temple, tantôt au contraire il l'élève, il le place dans un air plus pur et lui ordonne de diriger ses regards vers le ciel, pour concevoir et admirer la hauteur à laquelle s'élèvera l'édifice.

En voilà bien long, mes chères amies; cela vous ennuiera-t-il? Je ne le crois pas. Vous me dites de vous écrire, je ne peux que vous écrire les choses auxquelles je pense le plus, qui m'intéressent davantage, c'est ce que je fais; au reste, je ne crains pas que ces idées-là soient de nature à troubler mon bonheur; vous les verrez au contraire telles qu'elles sont, c'est-à-dire capables de produire une tranquillité d'âme, une confiance dans l'avenir que vous devez souhaiter à ceux que vous aimez, et, à ce titre, vos souhaits sont bien dirigés en ma faveur. Holstein vous aura d'ailleurs raconté en détail tout ce qui n'est pas doctrine, tout ce qui est étranger à mes études, à mes goûts les plus prononcés.

Si vous montrez ma lettre à Émile, son esprit satirique verra sans doute, au premier abord, une calotte sur ma tête et un surplis sur mon dos; il se trompera; mais, pour s'apercevoir de son erreur, il aurait besoin de travailler, comme je l'ai fait, les idées qui m'ont amené à penser comme je pense, et il est si occupé, il a tant d'intérêts *majeurs* qui l'absorbent, que je n'espère plus cela de lui. J'ai assez frappé à sa porte, j'ai crié tant que j'ai pu, il ne m'a pas entendu. J'entre dans le parti prêtre, je suis un jésuite, par conséquent, un monstre; je ne m'attends guère à de plus douces épithètes: c'est le martyre de nos jours; il est moins barbare que celui d'autrefois, mais il est passablement cruel encore. Non, je ne suis pas du parti prêtre, si le parti prêtre est celui qui veut rétablir le passé; je ne suis pas jésuite, si les jésuites ne veulent apprendre aux chrétiens du XIXe siècle que ce qu'il fallait apprendre aux esclaves du moyen âge pour qu'ils ne brisassent pas trop brusquement leurs chaînes, car Dieu voulait encore alors que l'humanité fût divisée en deux classes. Aujourd'hui il n'y a plus qu'une seule espèce humaine, ou plutôt il y a encore deux classes d'hommes; mais il y en a une d'elles dont la fin approche, c'est celle que nous a léguée le passé, celle des êtres qui ne contribuent en rien au développement de la volonté de Dieu, à l'amélioration physique et morale de l'espèce humaine. Et, chose remarquable! c'est sur cette classe moribonde, c'est sur ces hommes qui n'ont plus que le souffle, que les jésuites de nos jours cherchent à fonder leur puissance; leur corps s'allie à un cadavre, ils périront avec lui; Dieu le veut.

Mais je suis du parti prêtre, je suis jésuite, si ces noms sont donnés aux hommes qui pensent que l'espèce humaine ne se conduit pas uniquement par des raisonnements, par un calcul, qu'elle ne cherche pas des jouissances purement matérielles, qu'elle ne saurait acquérir toute la puissance dont elle est capable si elle considère simplement l'univers et l'homme comme un mécanisme en mouvement. Quel rôle jouerait dans l'homme, si telles étaient les bases de tous ses actes, cette noble faculté d'aimer et de se dévouer pour ce qu'il aime? Et Émile qui sent le prix de l'estime publique, de l'honneur, de la gloire, pourquoi ces mots ne raisonnent-ils pas vainement à ses oreilles, s'il croit que tout est fini pour lui avec la vie, s'il croit qu'il n'existe pas entre lui et l'humanité entière, entre lui et le monde, un lien indestructible, éternel? Mais il ne le croit pas; lui-même désire que ce lien ne soit pas rompu, que le nom des grands hommes soit à jamais béni par l'humanité reconnaissante, que le sien soit répété un jour avec joie par ses concitoyens, par sa famille. Je suis jésuite comme tous les hommes qui croient que la vertu est presque une inconséquence et souvent un très-mauvais calcul quand on n'attache d'importance qu'à notre vie d'un jour, car dans ce jour nous pouvons être mille fois placés de manière à chercher à en sauver quelques heures aux dépens de nos semblables, aux dépens des êtres qui nous aiment le plus; et alors qu'ils meurent, qu'ils périssent, qu'ils souffrent, pourvu que nous nous sauvions du naufrage. A quel degré de faiblesse se livre l'homme qui me dit comme Émile: « Si le blâme, le déshonneur s'étaient attachés à moi, je n'aurais pu supporter une existence qui serait devenue trop lourde pour moi. » Et que devaient donc faire les martyrs de la foi chrétienne quand, avant d'être lapidés, ils étaient poursuivis par la honte? Se suicider? Où en serait le monde? Que devons-nous faire aujourd'hui? Cesser nos travaux, renfermer dans nos cœurs le sentiment qui nous anime? Non, le ridicule, la honte même, que dis-je, la diminution de l'affection des personnes qui nous aimaient et que nous chérissons toujours, quelle que soit leur froideur pour nous, ne nous feraient pas garder dans le secret de notre pensée le nouvel évangile qui doit sauver tous les hommes, ceux-mêmes qui nous lapideront. Et quelle est la croyance qui pousse à cette abnégation que nous admirons dans les fondateurs du christianisme, quelle est celle qui nous entraîne aujourd'hui? C'est l'amour pour notre idée, nous dira-t-on? Oui, mais quelle est cette idée? C'est le *Passé* et l'*Avenir*, c'est la vie du monde. Notre amour pour le *plan* suivi par l'espèce humaine pendant toute la durée de son existence, le désir que nous avons de contribuer pour notre part à l'exécution de ce *plan*, la croyance où nous sommes qu'il est beau d'occuper un grand rôle sur cette scène immense; voilà ce qui nous entraîne. Mais ce plan que j'aime, qui donc l'a conçu? Qui donc l'a imposé au monde? C'est une conséquence de son organisation mécanique, anatomique, dit Émile ou tout autre esprit fort. Triste jeu de mots, imagination refroidie, qui glace tout ce qu'elle approche. Pauvre Auguste! est-ce ton organisation que j'aimais? elle est détruite et je t'aime encore. Que me fait à moi une machine bien faite dont les rouages s'engrènent parfaitement? Je ne perdrais pas un cheveu pour elle; que cette machine s'anime, qu'elle parle à mon cœur un langage humain, qu'elle m'ordonne de l'aider dans ses mouvements, de lui prêter le secours de mon bras, de mon intelligence, qu'elle m'implore, comme l'humanité prie de détruire tout ce qui s'oppose à son libre mouvement, je n'admire plus; j'aime, je me dévoue pour elle. Le monde serait une machine sans vie? Impossible!

Pauvre cagot, pauvre imbécile! la *vie* du monde, voilà ton Dieu! voilà l'être qui te parle, dont tu attends les révélations! Et où est-il logé cet être? Ici je ne suis plus jésuite. Toi qui m'interroges, où est ta vie? Tu l'ignores et cependant tu l'aimes, tu obéis à ce qu'elle te commande de faire. Mais non, tu connais son siége ou du moins tu le cherches; les idolâtres, les chrétiens mêmes étaient comme toi : les uns plaçaient le grand régulateur du monde dans une statue, dans un animal; les autres lui construisaient un temple bien matériel, et voulaient, à toute force, qu'il eût une habitation particulière, qu'il respirât l'encens; ils lui donnaient presque de l'ambroisie. De même tu places la vie, tantôt dans le cœur, tantôt dans le cerveau, et cependant, tu le sais, *tu souffres* et *tu jouis* par tous les points de ton être. Coupe, taille avec ton scalpel, mutile l'homme, cherche à matérialiser sa vie, sa pensée, tu en feras bientôt un cadavre; le secret sera toujours caché pour toi. Si le cadavre pouvait observer l'homme vivant, il découvrirait peut-être la vie, diras-tu, et connaîtrait le grand secret? Enseigne donc la physiologie à un cadavre, mets le scalpel dans sa main décharnée, place-le devant un homme, laisse-le agir, il coupe, il déchire comme tu le fais, il avance dans son travail; interroge-le; Il ne me répond pas, dis-tu. Tu as donc oublié que ton savant était un cadavre? Tu demandes la vie à la matière, à la mort. Si elle a le secret, elle le garde, car il n'existe pas de langage entre elle et toi. Le Dieu qui me parle a ses organes cependant; cette vie du monde que j'aime se témoigne à moi d'une manière sensible. Je la vois souffrir, je la vois jouir, comme tu jouirais s'il te naissait un fils, comme tu pleurerais si tu perdais un frère. Écoute ces concerts de louanges qui saluent la naissance de l'Homme-Dieu, dont la parole doit affranchir l'esclave, maintenant prête l'oreille à ces dissonances romantiques du blasphème. Byron et Gœthe rugissent ; pas un son pur ne s'échappe, je ne dirai pas de leur lyre, mais du tam-tam sur lequel ils frappent ; c'est le deuil de l'humanité, c'est la mort de la nature que t'annoncent leurs chants ; la vie du monde est suspendue, le scalpel du XVIIIe siècle a mis ce corps divin en lambeaux. Non content de bâtir à Dieu une habitation particulière, si contraire au dogme de sa présence parmi nous, les chrétiens échappés à peine au matérialisme des idolâtres et des païens, les chrétiens dont la majorité devait voir encore dans notre terre un lieu de douleur et d'épreuves, de misères et de larmes, ont demandé une vie future presque matérielle. C'était une *terre promise* qu'ils désiraient, c'était là que se bornaient pour ainsi dire leurs vœux. Faut-il s'en étonner ? Les Germains, embrassant avec tant d'enthousiasme la loi du Christ, n'avaient pas toutefois complétement oublié que naguère à leurs yeux le bonheur divin réservé aux braves était de boire dans le crâne de leurs ennemis. La terre promise, nous y touchons ; cette terre, lieu de jouissances pour l'homme qui obéit aux décrets de Dieu, séjour de misères pour celui qui les méprise, c'est celle où nous allons entrer. Dieu veut que nous l'aimions aujourd'hui que nous l'avons cultivée, comme il voulait qu'on la méprisât quand elle n'était pas encore digne de lui. Ce n'est donc plus une autre terre que celle-ci qui vous est promise; c'est la continuité du lien qui nous unit à celle que nous habitons, c'est la succession éternelle de jouissances pour l'homme qui sentira en lui une vive sympathie pour l'avenir le plus éloigné de l'humanité.

Je ne devrais pas m'arrêter ici, mes chères amies, je voudrais vous faire partager cette vive conviction que j'ai que Dieu n'a pas été compris et n'a pas voulu être compris par des hommes qui ne pouvaient pas avoir une idée nette sur l'espèce humaine; les Pères de l'Église dont j'admire la science, dont j'aime surtout la chaleur entraînante, qui ont eu bien de la peine à faire sentir au monde les croyances sur lesquelles les sociétés reposaient dans le passé, étaient incapables de faire marcher l'humanité dans les voies de Dieu. Qu'aurait-ce été s'ils avaient parlé à des païens, même en supposant que Dieu le leur eût révélé, d'un avenir si éloigné d'eux, si contraire aux habitudes, aux mœurs des peuples misérables et sanguinaires? Dieu employa des moyens plus sages : il a permis que l'homme fût longtemps l'esclave d'un autre ; il a permis également de croire à un avenir céleste bien plus grossier que celui que nous pouvons sentir aujourd'hui. Chateaubriand dit : « Je me figure l'homme de génie jouissant de ce suprême bonheur que fait éprouver une sublime inspiration ; si les liens terrestres ne troublent pas son bonheur pendant un jour, pendant quelques heures peut-être, il périra dans son extase, son corps ne le supportera pas ; que le corps disparaisse, qu'il entre dans la tombe, l'extase continue, voilà le bonheur céleste. » C'est en d'autres termes que ce grand écrivain présente son idée ; que n'ai-je sa plume ! Rome ne me verrait pas aujourd'hui, ambassadeur du roi très-chrétien, du fils aîné de l'Église, protéger par mon silence la lutte acharnée qui existe entre les défenseurs des œuvres de Dieu qui attaquent Dieu, et les défenseurs officiels de Dieu qui attaquent ses œuvres en s'opposant aux progrès de l'humanité, en fermant les oreilles à la voix qui crie : Avancez, sous peine de périr, non pas *martyrs*, mais *victimes* de votre foi dans le passé ; car les palmes du martyr ne sont que pour les hommes qui se dévouent à l'avenir.

Ma lettre est aussi pour Émile, malgré sa longueur : je lui parle encore doctrine, quoiqu'il ait trouvé moyen de m'écrire trois pages sans m'en dire un mot ; saint Jean a prêché dans le désert. Je ne veux pas me reprocher d'avoir négligé quelque chose pour sauver son âme, et, quoi qu'il puisse penser, elle n'est pas aussi tranquille que la mienne ; je crois qu'elle ne le serait pas surtout autant s'il s'agissait de braver des dangers, lui pour l'auguste auteur de la Charte, moi pour Saint-Simon, c'est-à-dire pour défendre leurs ouvrages. Que la persécution contre le libéralisme devienne un peu forte (c'est une supposition toute gratuite que je fais), qu'Émile se tâte bien aujourd'hui, qu'il voie s'il a un vif amour pour les élections à cent écus, pour la liberté de la presse, sous le règne de laquelle un savant qui a un ouvrage à publier est obligé d'aller marchander avec un libraire ignorant ; pour la liberté du commerce qui n'empêche pas un homme intelligent de rester ignoré s'il n'a pas de charlatanisme ; enfin pour la conscription qui enlève des hommes souvent incapables aux travaux et aux boucheries des soldats, et très-propres aux spéculations scientifiques, aux grandes conceptions industrielles ou sentimentales. Sera-t-il plus chaud pour le jury, pour la garde nationale? Mais il fait un cercle vicieux; si le jury est nécessaire, c'est que les lois et les juges sont mauvais; si la garde nationale est utile, c'est qu'on a peur de laisser des baïonnettes au gouvernement, parce que ce gouvernement ne convient pas. On peut aimer tout cela *négativement*, comme un obstacle au mal général, comme on aime une béquille, quand on est boiteux, mais on aime encore mieux de bonnes jambes; on serait fâché de perdre sa béquille, mais sa jambe on la défend jusqu'à la mort. Qu'Émile me dise s'il donnerait un doigt pour sa béquille.

P. E.

XXIXe LETTRE

A THÉRÈSE

Septembre 1828.

Je te remercie, ma chère Thérèse, d'avoir passé par-dessus la crainte de paraître ganache à mon esprit sublime; tu as répondu à l'objet principal de ma lettre, parce que tu pensais que tu m'aurais fait de la peine en gardant le silence sur des choses qui me tiennent si fort à cœur. Je t'en remercie encore, car tu m'aurais en effet peiné si tu m'avais répondu comme Émile m'a écrit à son retour de voyage, non-seulement parce que tu aurais pu diminuer par là l'espoir que j'ai de te voir aimer un peu un jour ce que j'aime tant, mais parce qu'il m'aurait été difficile de ne pas voir de la froideur, de l'éloignement dans ton silence sur une chose qui ne peut te paraître indifférente pour mon bonheur. Quelle que soit l'opinion que tu te formes sur ce que j'appelle la volonté de Dieu, volonté que j'aime, volonté pour laquelle tu me vois ardent, enthousiaste, tu dois bien penser qu'une chose qui me dicte des devoirs, qui m'échauffe assez pour me commander des sacrifices, pour diriger tous mes désirs, pour me promettre toutes mes espérances, doit exciter la sollicitude des personnes qui ne veulent pas cesser de m'aimer; s'éloigner de moi sur de pareils sujets, c'est montrer de l'éloignement pour moi-même, et plus on reconnaît que ces idées m'occupent et remplissent presque toute mon existence, plus on témoignerait d'indifférence en refusant de s'entretenir d'elles avec moi.

Je ne crois pas, ma chère amie, avoir dit que Saint-Simon était le Jésus de l'avenir, que Rodrigues était un nouveau saint Jean, et moi un nouveau saint Marc; j'ai pu dire qu'il s'agissait aujourd'hui de *préparer* une rénovation humaine semblable à celle que le christianisme a produite; j'ai pu comparer Saint-Simon à Socrate, et nous, aux philosophes grecs qui ont préparé à la suite de Platon *le sol où devait naître le christianisme;* mais je ne suis pas aveuglé par mon amour pour notre maître, par la confiance dans nos propres forces, dans l'influence qu'auront nos travaux, au point de croire Saint-Simon et nous dignes d'être mis sur la même ligne que Jésus et ses disciples. Nous *préparons* les esprits à recevoir la révélation de la volonté de Dieu, à ne pas la repousser soit par d'anciens préjugés, soit par le doute irreligieux, et lorsque la voix de Dieu se fera entendre, lorsque des hommes vraiment divins viendront révéler cette volonté, eux seuls pourront la faire chérir, mais nous espérons mériter alors leurs bénédictions par les efforts que nous aurons faits dans le but de faciliter leur mission. Regarde si les philosophes qui ont annoncé le christianisme, si ses poëtes qui l'ont prophétisé ont eu le pouvoir comme Jésus et ses disciples, comme les apôtres de la foi nouvelle *prédite* depuis longtemps, mais non encore exprimée, de passionner les hommes, de les réunir dans une croyance commune, de faire sortir des professions les plus basses, les plus fermes soutiens de l'Évangile, les *témoins* les plus dévoués. Non, ils ont fait ce que nous cherchons à faire; Dieu leur a refusé la puissance qu'il a donnée plus tard à de pauvres pêcheurs, à des apôtres, à des esclaves, mais il leur avait confié la mission d'annoncer, de prévoir le renouvellement que produirait bientôt sa parole.

Peut-être vas-tu dire que nous attendons notre Messie, et cette idée va te faire sourire, car tu sais que Moïse compte plusieurs de ses enfants parmi les disciples de Saint-Simon; tu nous verras peut-être ouvrant nos croisées au bruit du tonnerre pour recevoir ce nouvel envoyé de Dieu, pour établir son règne sur la terre; nous ne sommes pas aussi païens que cela; nous n'avons pas besoin de voir descendre du *ciel*, sur un nuage ou avec des ailes, un être à formes humaines, pour croire que Dieu a chargé quelqu'un d'une mission, mais nous attendons en effet *un* homme ou *des* hommes (c'est Dieu, et non pas nous, qui fixera le nombre), qui viendront réaliser la promesse de Jésus-Christ lui-même. Et pourrais-tu trouver nos espérances ridicules, ma chère Thérèse? Crois-tu, par hasard, que Dieu ait refusé pour l'avenir de nouveaux saints? Te ferais-tu semi-protestante sur ce point? Penserais-tu, tout en admirant, tout en vénérant, en priant, les saints que l'Église t'a fait connaître, que la main de Dieu nous a abandonnés? Oserais-tu dire qu'il a envoyé assez d'hommes illuminés par lui et constamment soutenus par son esprit, que nous n'en avons plus besoin, que nous ne reconnaîtrons pas leur mission? Voilà ces pauvres pêcheurs, ces hommes que Dieu place dans les rangs inférieurs du peuple pour prouver que l'état social qui consacre une classification aussi barbare, doit être renversée! Dieu n'a-t-il pas montré visiblement au monde que l'esclavage était impie, au moment où il a permis à des esclaves de parler en son nom sur la terre? N'a-t-il pas condamné le règne du sabre, le pouvoir brutal de la force, quand il a donné lui-même aux faibles la puissance nécessaire pour soumettre la chair à l'esprit, pour humilier le sceptre royal couvert de sang devant la houlette du berger?

Non, nous ne sommes pas choisis par Dieu pour faire bénir son nom, pour ranger le monde sous ses lois, il ne nous a pas donné le feu sacré qui brûle les idoles du passé, qui allume le flambeau de l'avenir. Qu'avons-nous fait pour mériter que sa main nous choisisse, pour qu'il nous juge digne d'être les organes de sa volonté? Lui avons-nous montré qu'il était tout pour nous, que nous ne songions qu'à la vie éternelle qui nous attend, que nous étions prêts à donner notre vie d'un jour pour elle, que nous n'avions d'autres désirs, d'autres pensées, que nous ne faisions d'autres actes que ceux qui pouvaient contribuer à faire reconnaître ses lois, à faire chérir sa volonté? Non, ma chère Thérèse; tu m'appelles exalté, tu me menaces presque de la folie, que dirais-tu si Dieu nous avait marqués du sceau apostolique? crois-tu que nous pourrions alors ne pas passer pour des fous, et même pour des fous dangereux aux yeux de presque tout le monde? Crois-tu que lorsqu'on nous verrait négliger entièrement le soin de notre fortune pour ne songer qu'à professer notre croyance, on ne dirait pas : ils ont perdu la raison? Que dirait-on, grand Dieu! si nous attaquions avec la sublime impudence des martyrs chrétiens les idoles du passé?

Comment n'avez-vous pas compris ce que je

disais de Chateaubriand? Est-il rien de plus clair? L'homme de génie que Dieu voudrait envoyer aujourd'hui, n'aurait-il pas mission de faire cesser la guerre qui existe entre les défenseurs de la civilisation (comme se nomment les libéraux) qui ne croient pas en Dieu, et les défenseurs de Dieu qui ne veulent pas s'associer au progrès de la civilisation? Les progrès, ce sont *les œuvres de Dieu*. Les Jésuites disent qu'ils croient en Dieu et ils ne voient pas ses œuvres! Les libéraux ne parlent que de la civilisation, et ils ne voient pas qu'elle est l'expression de la volonté de Dieu. Voilà ce que l'homme inspiré doit faire sentir au vicaire de Jésus-Christ, voilà ce que le successeur de saint Pierre doit reconnaître s'il veut réédifier le temple chrétien qui chancelle; il faut lui montrer ces larges crevasses qui fendent la voûte et s'étendent jusqu'aux fondations, l'incrédulité qui le mine, le scepticisme, qui en divise toutes les parties et réduit les matériaux en poussière. Le ciment romain est usé, il ne lie plus, il faut de nouvelles pierres, c'est une autre carrière qu'il faut exploiter. Oui, si le roi de France m'envoyait à Rome, j'y verrais à coup sûr une révélation de la volonté de Dieu à mon égard; je serais certain qu'il veut me confier la plus sainte mission qu'il y ait à remplir aujourd'hui, celle de réveiller son Église, de lui rappeler qu'elle doit encore marcher comme autrefois à la tête de l'humanité.

Si tu me trouves plus juste que les libéraux à l'égard du clergé, songe donc, ma chère Thérèse, que c'est parce que je connais les services qu'il a rendus, quand il occupait réellement le *premier rang* dans toutes les affaires humaines, quand il faisait toutes les découvertes scientifiques, quand il traçait de nouvelles routes, quand il dirigeait de grandes améliorations agricoles, *surtout* quand il défendait les *travailleurs* contre la voracité des soldats. Que fait-il aujourd'hui? Je te l'ai dit assez souvent : il existe encore des hommes bien pacifiques qui mangent les travailleurs; le clergé trouble-t-il leurs repas? Les sciences se perfectionnent ailleurs que dans des couvents, mais ce qu'il y a surtout de plus frappant, c'est qu'il ne se soit pas trouvé depuis Fénelon un seul prêtre qui ait fait un ouvrage capable de réveiller les sympathies humaines : ai-je tort de dire que l'Église sommeille, qu'elle oublie que Dieu lui a confié la conduite du troupeau?

L'enthousiasme d'Aglaé t'étonne, et tu n'as

rien, dis-tu, à répondre lorsqu'elle te dit qu'elle se sent toujours poussée vers un avenir de bonheur infini. Est-ce que, par hasard, tu n'éprouverais pas le désir de voir réaliser pour toi un pareil avenir? Est-ce que l'idée d'infini t'élève trop? Est-ce que ta simplicité s'en effraye? Tu n'aimes pas les esprits forts, me dis-tu, surtout dans les femmes ; mais toi qui connais mieux que moi la vie des saintes femmes et celle des hommes qui ont rendu des services à l'Église pour qu'elle les canonisât, tu sais qu'ils étaient faits pour les *hautes régions*, comme tu dis, qu'ils vivaient à peine sur la terre. Ce que tu admires en eux, c'est précisément cette préoccupation constante de l'avenir qui ne les abandonne jamais, même lorsqu'ils s'occupent du présent. Crois-tu que les saints les plus méritants aux yeux de Dieu, soient ceux qui ont fait bâtir une église, construire une chapelle et guérir un millier de malades? Regarde si les hommes qui ont prêché les premiers le christianisme avaient le temps de s'occuper de pareilles choses, et dis-moi si tels étaient les titres que les martyrs présentent à Dieu. Ils sentaient, comme toi, qu'ils étaient faits pour habiter la terre, mais à condition qu'ils se tiendraient toujours dans une assez *haute région* pour servir d'intermédiaires entre les hommes et Dieu.

Si tu étais bien convaincue que les choses vont aussi bien qu'elles doivent aller, que Dieu est content aujourd'hui du spectacle que présente l'espèce humaine, que la morale est pure, que la religion est aimée et respectée, que tous les cœurs sont unis dans des pensées politiques communes, enfin, qu'il n'y a qu'à se laisser aller au courant, et remplir tranquillement la place où on est jeté, je concevrais, jusqu'à un certain point, ton éloignement pour les esprits forts et pour leur enthousiasme; jouissant en paix des jours que Dieu t'a donnés, parce que tu saurais que tu les remplis d'une manière qui lui est agréable, et que tout le monde lui en fait autant, tu t'éloignerais des personnes qui parleraient de changer cet état de bonheur, qui te fatigueraient par leur amour des idées nouvelles dont tu ne sentirais pas la nécessité, puisque tout irait à la satisfaction de Dieu. Mais que dit le clergé lui-même? Croit-il que Dieu puisse sourire en voyant son nom méconnu, sa volonté ignorée, méprisée, et par qui? par les hommes mêmes qui devraient l'enseigner.....

Tu m'as dit que tant que tu as cru que nous

bornions nos vœux à la politique, tu as pensé que nous pouvions avoir raison. Mais je ne m'explique pas comment tu conçois qu'il soit possible que nous ayons raison en politique si Dieu ne nous éclaire pas. Crois-tu réellement que nous puissions avoir raison sur des choses qui importent autant au bonheur de la créature, si le Créateur ne nous avait pas donné la mission d'améliorer l'espèce humaine, de la guider, de l'éclairer sur ses désirs et sur les moyens de les réaliser? Mais alors quelle noble mission tu reconnais en nous! N'est-ce pas celle que Dieu a voulu que remplisse son Eglise? Comment pourrions-nous donc ne pas nous occuper de religion? C'est précisément par là que tu dois reconnaître que les politiques de nos jours ne rêvent que de chimères, car ils croient pouvoir se passer de Dieu pour faire leur constitution. Avoue-le, mon amie, ce n'est pas une pensée chrétienne qui te portait à croire que nous pouvions avoir raison en politique, tant que nous ne présentions pas nos idées, soit comme des conséquences de la volonté de Dieu, révélée il y a dix-huit cents ans, soit comme une nouvelle révélation qu'il nous fait aujourd'hui. Il n'y a que MM. de Maistre, Lamennais, Bonald ou nous qui puissions avoir raison; mais ils s'en tiennent à la lettre de la loi chrétienne comme les docteurs juifs s'en tenaient à la loi de Moïse; la lettre meurt, la lettre tue, la lettre du christianisme, prêchée à des esclaves, est ensevelie pour jamais, elle a disparu avec eux, c'est son esprit qui doit nous donner une nouvelle vie. . . . .

Je recevrai avec bien du plaisir la lettre d'Émile, et cependant je crois être sûr d'avance, malgré la supériorité que tu reconnais à Émile sur toi, pauvre fille, que, même sous le rapport de la doctrine, sa lettre me sera moins agréable que la tienne. J'aime comme toi, mon amie, les pauvres pêcheurs qui n'ont de science que leur foi et leur amour; mais permets-moi de te dire que, tout en les aimant, tu sembles cependant ne pas apprécier leurs mérites; tu parais oublier qu'ils ne se sont pas bornés *à croire, à aimer*. Je peux aimer celui qui, plus savant que moi, m'éclaire sur les dangers qui m'environnent, m'enseigne les moyens de les éviter; je peux aimer celui qui me montre un tendre intérêt et me sentir prêt à me dévouer pour l'homme dont toute la vie est consacrée à faire du bien à ses semblables; tant que je reste dans de pareils sentiments, tant que je demeure *passif*, je peux jouir, mais je jouis seul, comme un ermite en présence de Dieu qu'il contemple. Mais aussitôt qu'agissant à mon tour, je communique mon amour et ma foi, lorsque je fais adorer ce que j'adore, j'ai un mérite de plus aux yeux de Dieu, car j'attire à lui des âmes qui l'ignoraient. Voilà ce que faisaient ces pêcheurs que tu aimes ; c'est à ce signe que tu reconnais toi-même l'esprit de Dieu qui les anime, c'est dans leurs témoignages que consiste leur mission, parce que ce témoignage devait inspirer l'amour et la foi. Aimer et croire sans témoigner, c'est le rôle d'un anachorète, et j'avoue que ce n'est pas celui que j'aime. Je peux l'admirer, et encore ce sera parce que l'exaltation de son amour sera elle-même un témoignage assez éloquent, quoique éloigné de la vérité qu'il contemple. C'est donc la foi *agissante* qu'il faut surtout dans les apôtres, c'est cette faculté qui a fait choisir par Dieu de pauvres pêcheurs pour accompagner Jésus, pour raconter sa vie, pour chanter ses louanges en rappelant les actes de sa bonté et surtout le divin sacrifice consommé pour le rachat de l'humanité. Toi, ma chère Thérèse, tu aimes et tu crois ; Émile est bien capable d'aimer, mais pour aimer il faut croire, et il ne croit à rien, il n'a foi ni dans la promesse du Christ, ni dans ses propres révélations, il doute ; il n'est pas bien certain que l'*avenir* (car il ne faut pas que je lui dise Dieu) lui ordonne de faire tel ou tel acte, d'avoir tel ou tel désir, lui indique, en un mot, une mission ; sa raison même le pousse jusqu'à parler de suicide ; mais non pas d'un suicide utile aux progrès de la société, et commandé par les besoins du monde, d'un suicide intéressé !!! Quelle raison ! Pour moi, j'aime, je crois et je témoigne.

Je continue le travail dont je t'ai parlé dans ma dernière lettre ; cette tâche est lourde et me prendra du temps, mais c'est une bonne occupation ; les recherches que je suis obligé de faire me permettront, je l'espère, de ne pas paraître ignorer tout ce qu'il y a de beau, de divin dans la mission du Christ, dans celle des prophètes qui ont préparé sa venue, enfin dans celle des hommes qui ont prêché sa parole, qui ont fait connaître sa vie. Sois bien sûre, ma chère amie, que je suis déjà assez pénétré pour éprouver, non pas peut-être la même espèce de peine que toi, mais pour être vivement blessé lorsque je pense qu'on a pu rire du fils de Marie et s'extasier devant le génie d'Helvétius et de

Voltaire. Mon admiration pour l'être qui s'est identifié à ce point avec les hommes de son temps, mon amour pour le dévouement sublime qu'il nous a laissé pour modèle, sont aussi grands que tu peux te l'imaginer.

Comment peux-tu dire, ma chère amie, que tu ne saurais plus écrire de ces bonnes et longues lettres d'autrefois, parce que alors nous nous entendions à peu près sur tout, tandis que à présent mon esprit et mon cœur sont remplis d'objets qui te sont étrangers? Si tu m'avais dit pareille chose à l'époque où, comme Émile, je voyais les prêtres de tous les temps des hypocrites trompant les hommes pour les tenir dans l'obéissance, je concevrais aujourd'hui ta réponse; si tu me l'avais faite lorsque je croyais que l'on pouvait se passer de croire que la vertu n'est que l'*observation de la volonté de Dieu,* elle me paraîtrait encore bien naturelle; enfin si tu ne t'étais pas trouvée à l'aise avec moi lorsque je faisais de la politique athée, et de la morale d'Helvétius, j'en comprendrais la raison; tu aurais pu craindre alors que je ne comprisse pas, parce que je ne me plaçais pas sur le terrain qui te sert de base, parce que je ne sentais pas les mêmes choses que toi, et quelles choses? celles qui dominaient ou devaient dominer toutes tes pensées, Jésus-Christ, l'Église ! Mais aujourd'hui laisse-toi aller avec plus de confiance à me parler, comme je le fais moi-même, de tes craintes, de tes espérances, de tes désirs, de tout ce qui occupe le plus vivement ton esprit et ton cœur; sois sûr que je te comprendrai mieux que jamais. Nous avons longtemps parlé ensemble de nos petites peines d'un moment, de nos affections, de nos ennuis, de nos plaisirs d'un jour ; les années viennent, n'est-il pas temps de parler d'autre chose, de ces choses qui m'étaient peut-être étrangères, mais qui sont devenues immenses actuellement? Nos longues lettres de Suisse, d'Allemagne, de Russie, de quoi étaient-elles remplies? De petites tracasseries, de petites espérances; tout se bornait à éviter des heures, des mois, quelques années de souffrance, et à les remplir par des plaisirs. Que me font les heures, les mois, les années, auprès des choses dont je te parle aujourd'hui?

Ne crois pas, ma chère amie, d'après ce que je viens de te dire, que je sois autre que je ne suis; que mon esprit, plongé dans l'éternité, ait complétement renoncé à tout ce qui m'entoure. Non, les détails que tu me donnes sur votre intérieur de ménage, sur vos occupations journalières, le plaisir que tu éprouves à me remercier des plans que j'ai faits pour réédifier votre ermitage et en dessiner les jardins, l'amitié que vous avez témoignée à l'homme dont le cœur sympathise le mieux avec le mien (Holstein), le désir que vous avez de nous voir tous deux près de vous, voilà de ces choses qui ne me trouveront jamais insensible; tu peux être sûre de m'émouvoir toujours en m'en parlant. Le temps n'est plus où il fallait renoncer tout à fait à la terre pour se rapprocher de Dieu, pour être aussi *parfait* qu'il était donné à l'homme de l'être, à une époque où le règne de Dieu n'était pas encore établi sur la terre. L'homme vraiment religieux renonçait alors au monde, parce qu'il ne trouvait pas le moyen de se conserver pur au milieu des institutions et des mœurs de ses semblables ; mais que faisait-il alors? Ou il se renfermait dans des couvents, image la plus parfaite du gouvernement de Dieu, *là où la femme n'est pas encore affranchie,* ou bien il courait le monde pour répandre la parole du Sauveur et préparer la réalisation future du royaume divin. « Mon royaume n'est pas de ce monde, » disait Jésus, et le chrétien se séparait de ce royaume corrompu, mais il travaillait avec ardeur dans les couvents à perfectionner les sciences, à mettre en rapport les institutions sociales avec la morale divine ; il montait en chaire et prêchait au fort la charité, au faible l'affection et l'obéissance pour ses maîtres dans les sciences et la *guerre*, car Dieu voulait encore que la *guerre* fût un moyen *de propagation par la parole, pour la civilisation du monde*. Dieu réconcilie aujourd'hui le nouveau chrétien avec la terre ; ce monde, pour lequel le royaume de Jésus n'était pas fait, tombe en poussière. Un nouveau monde va naître soumis à la voix de Dieu ; occupé constamment à le bénir en obéissant à sa volonté bien connue, à sa volonté témoignée de la manière la plus éclatante, par la longue épreuve qu'il a fait subir à l'humanité afin de s'assurer de ses forces et de lui faire acquérir toute la puissance dont elle est capable. La terre n'est plus un lieu de souffrance où Dieu nous condamne à nous entre-détruire, à vivre des dépouilles les uns des autres, à exploiter notre semblable, à être exploité par lui ; la terre, c'est l'atelier de l'association universelle, où l'homme accomplit l'*œuvre de Dieu.*

Je voudrais répondre quelques mots à ce que tu me dis sur l'impossibilité d'avoir un gouvernement parfait dirigé par des hommes toujours sages, justes, vertueux et sans passion. Tu veux dire sans passion *personnelle* sans doute ; mais je ne te critiquerai pas là-dessus. L'homme sans passions personnelles ne serait pas un homme ; car il faut pour être homme pouvoir aimer, mais aussi vouloir *être aimé :* l'actif et le passif. Aussi nous n'aurons jamais de gouvernement parfait, sous ce rapport, car il ne serait pas humain, et certainement il serait moins parfait que celui que nous avons en vue ; il serait ennuyeux au suprême degré, il manquerait de cette excitation que donne l'amour de soi, pour les bonnes choses et contre les mauvaises. Mais d'ailleurs, l'humanité est perfectible suivant nous et toujours perfectible, ainsi jamais parfaite. Nous voulons être gouvernés non par des hommes parfaits, par des hommes toujours sages, animés du désir d'être utiles, mais par les êtres les *plus* sages, les *plus* vertueux, par ceux qui subordonnent le *plus* leurs passions personnelles à celles du bien public ; voilà tout. C'est beaucoup sans doute, mais ce n'est pas une prétention absurde, comme celle que tu nous prêtes.

Je voudrais bien voir par moi-même si les éloges que vous donnez à votre architecte sont mérités ; il me faudrait pour cela faire un voyage apostolique à notre église de Sorèze et à celle qui s'établit en ce moment à Lyon. Toutes deux me donnent à travailler pour la correspondance ; il faudrait bien que j'allasse voir si une nouvelle vie anime réellement ces apôtres éloignés. Ceux d'ici marchent bien, le noyau se grossit, nous attendons que le germe brise l'enveloppe et s'élève ; cela viendra, il est semé en bonne terre, la nourriture spirituelle ne lui manque pas ; ce qu'il lui faudrait c'est un peu de ce fumier appelé or, parce que les pêcheurs de nos jours n'ont que leurs filets pour propriété.

En relisant ta lettre j'y vois beaucoup de mots qui me prouvent que tu t'es laissée aller à l'ironie pour parler religion, ce n'est pas bien à toi. J'avais ce défaut autrefois lorsque je discutais avec toi sur ces matières ; tu devrais éviter d'y tomber. Ce défaut tenait chez moi, non à ce que je ne croyais pas à ce que tu me disais, mais à ce que je ne croyais à *rien*. Regarde les gens qui manient le mieux l'ironie, Voltaire, Bayle, Montaigne, regarde Émile, voilà leur lot. Aujourd'hui si je voulais convertir quelqu'un je chercherai à lui faire aimer ma croyance; on ne s'amuse à critiquer celle des autres que lorsqu'on n'en a pas une soi-même que l'on considère comme meilleure. Tu n'as qu'à observer mes lettres, je doute que tu y trouves des plaisanteries sur le catholicisme; un véritable chrétien ne cherche pas ce qu'il y a de plaisant dans la manière dont Dieu permet d'interpréter sa volonté. Il combat avec sa croyance et, je le répète, il cherche à la faire aimer. Un homme qui croit, quel qu'il soit, ne peut plaisanter que les incrédules, parce qu'il n'y a que cela qui soit absolument absurde à ses yeux. Tu comprendras, ma chère amie, pourquoi je te dis cela, tes plaisanteries ne sauraient m'avoir mis en colère; je te les fais remarquer pour te faire sentir que tu as abandonné le terrain chrétien. Reviens-y, fais-moi voir que ma croyance ne donne pas à l'homme tout ce que lui donne de bon le catholicisme et n'y ajoute rien de plus. Montre-moi ce qu'elle peut avoir qui repousse, en quoi elle pourrait gêner le développement des sentiments, s'opposer au perfectionnement de la créature chérie de Dieu, à l'amélioration des mœurs, à l'élévation de la femme, de cet être que Dieu a doué par privilége des tendres sentiments qui ont le plus contribué à civiliser le monde ; prouve-moi que les liens sociaux, ceux de famille, ne sont pas plus resserrés par cette foi nouvelle, qu'elle tendrait au contraire a les relâcher, que les devoirs de père, d'époux, de citoyen, d'homme n'auraient pas une base plus large que celle qui leur a été donnée jusqu'à présent. Tu me diras peut-être que c'est à moi à te donner ces preuves de la croyance qui m'anime, c'est bien aussi ce que je veux faire.

Tu me dis que tu feras ton possible pour aimer la doctrine pour l'amour de moi : tu l'aimeras, je l'espère, un jour, pour l'amour d'elle.

P. E.

XXXE LETTRE

A RESSEGUIER

Paris, 30 septembre 1828.

Votre long silence me faisait bien penser, mon cher Monsieur, que vous m'apprendriez quelque fâcheux événement. Je suis bien aise de savoir aujourd'hui que vous êtes tranquille sur la santé de votre mère, et que vous avez retrouvé la liberté de penser à la doctrine. — Vous m'annoncez avoir fait un travail pour la société de Castelnaudary; comment ne l'avez-vous pas envoyé de suite à vos pères spirituels ? C'était là réellement le chef-d'œuvre que je vous demandais, ne craignez pas que je vous blâme d'avoir cité souvent le *Producteur,* mais je suis bien aise de juger la qualité des citations choisies par vous. Ce travail pourrait être la base d'un autre qu'il faut que vous fassiez, le voici : La société royale d'Arras propose pour prix en 1829 cette question : *Quelle est la situation des idées philosophiques au XIXe siècle ?* la société ajoute dans le programme, *qu'elle considère que les idées philosophiques ne sont pas uniquement des abstractions métaphysiques, mais qu'elles se composent (étant appliquées à l'ordre social) de la différence que la marche de l'esprit humain apporte dans la civilisation, dans les intérêts généraux, dans les sciences, dans les arts, les goûts, les habitudes morales, et comprennent, en un mot, toute la physionomie morale et distinctive d'une époque, car chaque siècle a un caractère qui lui est propre, et qu'il emprunte de la marche ascendante ou rétrogade de l'esprit humain, ainsi que des circonstances générales où se trouvent les sociétés politiques.* Voilà les termes du programme, occupez-vous de celà.

Vous me demandez si quelqu'un de nous s'occupe de l'éducation, rien n'est plus certain : celà n'empêche pas que vous ne deviez vous-même écrire sur ce sujet, parce que je vous répondrais la même chose sur toute autre partie importante de la doctrine. Votre travail d'ailleurs peut se distinguer par un mérite particulier; si vous vous étendez sur les discussions actuelles qui ont été soulevées à propos des jésuites et de l'université, il y a de quoi s'amuser, et cela permet au dogmatisme saint-simonien d'être moins difficile à comprendre. — Méditez encore la question des impôts et des emprunts, en considérant toujours le dernier système comme *transitoire;* je n'ai plus rien à vous dire là-dessus, si ce n'est que l'objection que vous faites est résolue par ce mot de *transitoire*. Le résultat des emprunts successifs est bien d'augmenter constamment la dette; il en a d'autres, et tous ces résultats réunis font que, au lieu de dire, nous ne voulons plus prêter, on verra qu'il ne faut plus de *prêteurs,* pour la raison que la société a un plus grand intérêt à n'avoir que des travailleurs. Or, quand il n'y a plus que des travailleurs, il n'y a plus de prêteurs, par conséquent, plus d'emprunts; le système des emprunts, comme bien d'autres causes, contribue à faire sentir cette vérité.

Oui, mon cher Resseguier, je m'attendais à ce que vous m'auriez fait part de vos doutes, de votre conviction sur la partie sentimentale de la doctrine, et, par conséquent, sur le sentiment par lequel l'homme établit un lien d'affection entre lui et l'univers, car c'est le plus large, et évidemment tous les autres sentiments doivent être en harmonie avec celui-là, il doit les renfermer tous, ou, en d'autres termes, tous doivent conduire à lui. Il est donc lui seul le lien ou la base des actes passionnés de l'homme, source d'excitation pour les actes à faire, de consolation et de joie pour le passé. Vous me dites que Barrault vous a tenu au courant de nos idées sur ce sujet : j'en suis bien aise ; mais vous ajoutez : *J'ai senti le besoin de réfléchir sur cet important sujet, ce que je n'ai pas encore fait.* Réfléchissez-y. Mon étonnement sur votre silence ne devait pas vous faire ruminer longtemps. Ou le *Nouveau Christianisme* de Saint-Simon vous a paru admirable, ou vous ne l'avez pas compris, ou bien, croyant le comprendre, vous n'y avez vu qu'un moyen transitoire, et surtout critique quant au passé, de propager des idées nouvelles, et d'agir sur des sentiments qui aujourd'hui sont plus ou moins fortement liés au sentiment religieux et à ses formes anciennes. Dans tous les cas, si vous aviez fortement réfléchi, vous m'en auriez parlé. Au reste chaque chose a son temps. Vous voilà ferré sur la méthode historique, vous connaissez bien le développement scientifique et industriel, l'éducation et l'organisation du crédit ou plutôt la constitution de la propriété sont pour vous des objets familiers; voyez ce qu'il vous reste à étudier dans l'histoire et marchez vite, parce que le *Producteur* s'avance avec l'intention de porter particulièrement son investigation sur ce sujet qu'il n'a fait qu'effleurer bien légèrement à la première apparition.

Oui, mon cher frère en Saint-Simon s'avance las des banquiers et de leurs formes intéressées pour toutes les choses, même pour celles qui ne sont que de dévouement; nous nous sommes réunis avec les personnes le plus vivement intéressées à la doctrine, et nous avons résolu d'assurer au *Producteur* par nous-mêmes au moins quatre cents abonnements pour deux années ou deux cents par année, ce qui nous suffit à peu près pour faire les frais. Voyez donc tout de suite autour de vous combien vous avez de personnes qui prendront un exemplaire de ce journal; faites bien attention qu'il ne s'agit pas ici d'autre chose que de se procurer moyennant 36 francs (nous avons réduit l'abonnement à ce prix pour la province et 30 francs pour Paris) un exemplaire d'une année du *Producteur*; que si vous trouvez quelques personnes qui veulent se tenir au courant, vous devez leur montrer la nécessité qu'il y a, pour ces deux premières années du moins, à prendre chacune un abonnement, et non à s'entendre entre huit ou dix pour lire en commun cet ouvrage.

Ainsi vous avez déjà placé les volumes anciens à sept personnes, je crois; si elles y ont mordu, ce sont quatorze abonnements d'une année, ou sept pendant deux ans ; tâchez d'en convertir deux de plus, vous serez bien près de vingt, c'est ce que j'espère pouvoir souscrire pour vous, j'attendrai votre réponse. Il est d'ailleurs convenu dans la souscription que, si au bout de deux ans, le *Producteur* fait plus que ses frais (et vous savez qu'il ne s'agit pour lui que des frais matériels, sa rédaction n'étant pas payée), on remboursera aux souscripteurs qui n'auraient pas pu, pendant les deux années, se décharger de tous les abonnements souscrits par eux, ceux qui resteraient en leur nom et qu'ils auraient payés.

Ceci n'empêche pas que le projet de Bazard ne reçoive son exécution ; nous espérons pouvoir faire marcher les deux choses de front, mais il nous faudra le secours de toutes les forces intellectuelles de la doctrine ; préparez-vous donc.

Combien ce spectacle aurait fait jouir notre maître, mon cher Resseguier; pendant toute sa vie, il n'a pu être entouré que de Judas, ou de saints Pierres que le chant du coq a trouvés parjures ! Aujourd'hui il verrait un foyer brûlant près de lui, il jouirait de votre dévouement, de l'affection que vous témoignez pour la doctrine qui vous a donné une nouvelle vie, pour les hommes qui vous ont soufflé avec zèle l'esprit saint dont ils sont animés ; il vous ferait sentir, à vous qui vous défiez de vos forces, que la foi et l'amour ont suffi aux premiers chrétiens pour souffrir de ce qui les entourait, pour chanter un nouvel avenir ; vous verriez alors tout ce que vous avez de plus qu'eux, car ils ne sentaient que le présent et désiraient un avenir qui les en délivrât; vous, c'est au passé que vous demandez des révélations *certaines* de l'avenir. Si votre confiance est aussi ardente, elle est plus éclairée; marchez donc avec plus de hardiesse dans une voie où nous chercherons toujours à vous guider, où l'esprit du maître, toujours présent, vous soutiendra.

Je vous ai, je crois, déjà parlé des progrès de la doctrine autour de nous ; le nombre des élèves s'est accru ; l'exposition hebdomadaire de

Bazard se continue chez moi ; il a toujours près de vingt-cinq à trente auditeurs ; en même temps nous faisons une percée à Lyon ; quelques amis qui se sont jusqu'à présent occupés en amateurs de nos idées vont combiner leurs efforts et mettent à notre disposition le *Précurseur,* journal politique ; nous n'avons pas, comme vous le pensez bien, l'intention de rédiger à distance un journal *quotidien,* mais nous voulons amener nos amis qui le dirigent à faire eux-mêmes ce qu'ils demandent à nous ; le *Producteur* et les correspondances nous donneront assez à faire.

Je vais vous faire envoyer les *Institutions sociales* de Ballanche ; la *Palingénésie* est autre chose ; dès que ce dernier ouvrage aura paru, je vous le ferai adresser ; M. Ballanche n'a délivré que quelques exemplaires d'un premier volume de *Prolégomènes,* il nous en a donné quatre, mais ils sont constamment en 1re, 2e et 3e lecture, car c'est un ouvrage bon à relire. Si j'en ai un de disponible avant la publication officielle, je vous le ferai passer, nous en causerons après.

J'ai à vous prier d'une chose à laquelle j'attache beaucoup de prix ; faites-nous connaître le personnel de Saint-Simon qui est autour de vous ; je connais déjà par Barrault M. Poupot, dont il nous a fait apprécier les lumières et le caractère ; j'ai lu une de ses lettres à Barrault, et je pense que c'est la correspondance de ces messieurs qui vous a mis au courant de la position théologique de l'Ecole. Si vous n'avez beaucoup réfléchi encore sur la question religieuse, M. Poupot doit au contraire y avoir beaucoup pensé, par vocation et par état, cela est inévitable ; maintenant, comme il connaît et apprécie, je crois, la méthode historique, les séries de faits homogènes, la nécessité d'en déduire des lois, quelles sont ses idées sur le *développement* des institutions religieuses et sur leur avenir? Est-il fixé irrévocablement à Luther? A-t-il compris la critique fondamentale de toute philosophie protestante, dont le nom seul n'annonce rien d'organique. Je ne demande pas qu'une correspondance s'établisse, la position particulière de M. Poupot peut lui faire trouver des inconvénients à cela, et l'on ne brave de pareils inconvénients que lorsque la conviction est capable de vous pousser même au martyre ; je ne peux pas admettre qu'il soit sous ce rapport aussi avancé que vous dans la doctrine de Saint-Simon ; cependant voyez ensemble. — Vous m'avez parlé de deux médecins qui avancent, j'ignore même leurs noms; parlez-moi d'eux, de leurs progrès; nous aimons tous les membres de la famille nouvelle, nous désirons les connaître, comme s'ils étaient près de nous.

Vous, mon cher Resseguier, nous vous connaissons, et nous vous sommes attachés comme si nous avions travaillé côte à côte avec vous; vous le voyez par le peu de cérémonie que je mets à bannir le titre de monsieur, et à le remplacer par celui de frère.

Je ne vous ai pas dit, tout à l'heure, que la reprise du *Producteur* était assurée, puisque nous avions déjà, depuis huit jours que la souscription est ouverte, plus de trois cents abonnements sans vous compter, et quoique plusieurs disciples soient, pour le moment, éloignés de Paris. D'ailleurs, pour la clôture, je suis certain que MM. Ardoin et Laffitte la feraient, mais nous ne serions pas fâchés de nous passer d'eux. Au 1er janvier nous espérons donc, pour vos étrennes, vous adresser ce numéro double promis autrefois pour compléter le 5e volume du *Producteur*.

Laurent est absent, sa femme se meurt, ses travaux vont languir quelque temps; il est occupé pour gagner du pain, car il n'est pas riche, d'une spéculation *industrielle* dont vous avez entendu parler, c'est la statilégie ou méthode Laforienne pour apprendre à lire aux enfants.

Adieu, mon cher Resseguier, travaillez et écrivez-moi, je suis maintenant rue Neuve-Saint-Augustin n° 30, Borrel sait mon adresse. Je suis caissier de la Caisse hypothécaire, car il faut aussi que je gagne mon pain; nous sommes tous plus ou moins logés à la même enseigne dans la doctrine; nous ne nous en aimons que davantage, ce qui excite notre dévouement et ceux qui le partagent; aussi je vous embrasse de tout mon cœur.

P. E.

XXXIe LETTRE

A PICHARD

Paris, 29 octobre 1828.

Il y a bien longtemps que nous ne nous sommes réciproquement donné de nos nouvelles, mon cher Pichard. Je romps le silence, parce qu'il ne faut pas s'oublier. J'ai longtemps été malade; je ne me rappelle pas si je vous ai écrit depuis une année, et si vous avez su que ma santé s'en allait rapidement. Je l'ai cependant retenue au bon moment, et je suis complétement ou presque complétement rétabli depuis plusieurs mois, observant seulement assez ma manière de vivre, et privé de cette grosse masse de graisse que je portais autrefois et à laquelle j'ai dit adieu de bon cœur. — Je me suis donc remis au travail, nous avions presque tous été étrillés par le *Producteur,* et les rédacteurs ont presque tous passés par l'hôpital. Ils sont sur pied aujourd'hui et vont recommencer de plus belle. Le premier numéro paraîtra pour le commencement de l'année prochaine. Vous voyez, par l'introduction, que nous ne sommes pas restés oisifs, pendant ces deux années, que les idées se sont propagées et que nous sommes en force pour marcher plus vigoureusement que jamais. J'espère bien que le cercle de Lausanne s'abonnera, et je lui fais adresser ce journal, faites-m'en passer les fonds après réception. Vous ne vous êtes sans doute plus beaucoup occupé de ces idées, vous les reprendrez avec le

Producteur. — Je ne sais si je vous ai dit que j'étais maintenant attaché comme caissier à la Caisse hypothécaire (où je demeure, rue Neuve-Saint-Augustin n° 30). Le directeur est mon ami intime et collaborateur du *Producteur,* Rodrigue; ce qui est très-agréable pour moi. L'occupation que cette place me donne est presque mécanique, ce qui me va supérieurement. J'y suis assez fortement occupé à deux époques de l'année pendant deux mois de chaque semestre, le reste du temps j'ai peu à travailler, cela me permet de ruminer tranquillement des idées. Vous savez que c'est là mon bonheur.

Et vous, comment vont vos travaux? Avez-vous toujours ces tracasseries si ennuyeuses et qui vous tourmentaient tant, il y a deux ans? Donnez-moi surtout des nouvelles de votre famille; dites-moi combien vous avez d'enfants; parlez-moi aussi de votre ami M. Gindroz; s'est-il occupé un peu de la doctrine du *Producteur?*

Nous organisons actuellement à Paris un centre d'élèves de l'École dans un but spécial de sciences industrielles. Je ne sais si cela pourra avoir, promptement du moins, un bon résultat; mais c'est une institution réclamée par le besoin du temps, et d'autant plus indispensable l'éducation que l'on reçoit aujourd'hui en temps de paix, à l'École polytechnique, n'a pas éprouvé la plus légère modification. Elle est la même que sous le règne du grand sabreur, qui nous menait toujours à la victoire.

Si notre réunion avait été formée, quand vous avez demandé l'avis de quelques ingénieurs, nous vous aurions répondu solennellement par une bonne note détaillée signée d'une douzaine d'anciens élèves ; cela aurait pu bien faire. Je vous tiendrai au courant de cette nouvelle association si elle prend consistance. Je crois qu'il n'y a jusqu'à présent qu'un seul élève que vous ayez pu connaître : c'est un nommé Zédé, ingénieur-constructeur.

Adieu, mon cher Pichard, donnez-moi de vos nouvelles et comptez toujours sur ma sincère amitié.

P. E.

XXXIIe LETTRE

(*Post-Scriptum* à une lettre de Barrault.)

A RESSEGUIER

Paris, 4 novembre 1828.

Je ne veux pas laisser passer ces lignes de Barrault sans vous remercier, mon cher Resseguier, des bonnes lettres que vous m'avez écrites. Vous avez bien la tête qu'il faut pour une doctrine nouvelle, mais vous avez aussi le cœur qui qui fait les apôtres. Je connais maintenant les personnes que vous échauffez avec la doctrine, et j'applaudis aux efforts que vous faites pour les appeler à la vie nouvelle que donne Saint-Simon.

Vous me ferez passer, comme vous me le dites, au commencement de chaque année, le montant de vos dix abonnements avec la liste des personnes auxquelles vous voulez que le *Producteur* soit adressé. J'avais raison de vous presser d'aborder dans vos questions la partie sentimentale de la doctrine. Votre mémoire ne fait pas marcher parallèlement les trois classes; vous verrez même dans un endroit important (la chute du gouvernement théologique et féodal), que c'est par correction que vous avez introduit les artistes et que vous avez changé le nombre *deux* en *trois*. Vous n'avez rien indiqué sur le développement des religions.

Maintenant le *Producteur* va nous absorber trop complétement pour que je puisse directement lever les objections que vous pourrez me faire ; mais notre intention est de consacrer une partie de chaque numéro à la correspondance avec vous et avec Lyon. Nous insérerons vos lettres et nos réponses ; ne cherchez pas pour cela à les faire plus *académiques;* il faut qu'elles aient la tournure qu'elles ont eue jusqu'à présent ; seulement quand vous voudrez quelques détails, vous les indiquerez ou les mettrez dans une feuille à part. Que j'y trouve surtout cet épanchement qui nous a fait tant de plaisir, mon cher Resseguier, qu'on y entende l'expression de votre excellent cœur, et du bonheur que vous fait éprouver la lumière nouvelle qui est venue vous éclairer.

Écrivez à P.... pour les éclaircissements que vous désirez encore sur la propriété, écrivez-moi pour la partie sentimentale, le *Producteur* répondra, sa réponse sera pour tous les disciples en même temps.

Je regrette que Barrault n'ait pas plus d'indépendance pécuniaire, il serait un utile collaborateur. Il m'a montré une lettre de M. Poupot qui en est encore à comprendre ce que nous avons dit sur la *liberté* et qui, par conséquent, ne peut rien voir dans la doctrine. Cependant un *post-scriptum,* à la suite de sa conversation avec vous, me ferait penser qu'il a fait quelques pas. Je crois que vous auriez tort de désespérer ; il n'y a pas de vieille éducation qui résiste lorsqu'on a bonne tête et bon cœur, et je crois que M. Poupot est dans ce cas.

Adieu, cher frère, nous sommes à la doctrine et à vous.

P. E

XXXIIIe LETTRE

A THÉRÈSE

15 novembre 1828.

J'espérais bien, ma chère amie, qu'en relisant ma première lettre avec attention, et surtout en recevant la seconde que je t'ai écrite, de nouvelles réflexions naîtraient dans ton esprit ; mais je t'avoue que je ne m'attendais pas cependant à recevoir aussi promptement d'aussi bonnes et d'aussi longues lettres de toi.

Je savais bien tout ce qu'il y avait d'extraordinaire dans mon langage, dans mes idées, pour toi et pour Émile qui les a bien moins compris que toi. Saint Paul parlant à des juifs et à des sceptiques de Rome devait les étonner tous également ; saint Augustin, racontant à des incrédules ou à des rabbins sa miraculeuse conversion, devait paraître aux premiers ce que je suis aux yeux d'Émile, un esprit très-mobile, changeant d'idées avec une grande facilité, et se passionnant pour elles avec un enthousiasme ridicule ;

avec les autres, du moins, il avait un point de contact, la religion de Moïse qu'il vénérait, qu'il admirait, qu'il connaissait au moins autant qu'eux et dont il vantait toute la divinité. J'en appelle à Émile, plus calme, réfléchissant sur mes lettres, et surtout étudiant plus attentivement qu'il ne l'a fait jusqu'à présent la doctrine de Saint-Simon. Il en est sur ce dernier point à peu près où je me trouvais après trois mois consacrés à l'étude des ouvrages de notre maître; il est vrai que, pendant ces trois mois, j'ai certainement plus travaillé pour comprendre ces nouvelles idées qu'Émile ne l'a fait depuis trois ans que je l'ai mis à même de se les approprier, s'il s'en était donné la peine.

Vos deux lettres m'ont fait comprendre un sentiment que je ne connaissais pas encore et qui m'explique cette susceptibilité que je te reprochais autrefois, ma chère Thérèse, quand je te voyais souffrir des discussions religieuses qui avaient lieu devant toi, même sans que tu y prisses part. Jusqu'à présent j'avais pensé qu'une discussion ne devait être jamais que l'examen *scientifique* d'une question; or la première règle scientifique qui distingue surtout un *raisonneur*, c'est d'être toujours *calme* en présence des résultats que lui donne la science; il ne s'affectionne pour aucun de ces résultats, il est toujous près de changer la vérité qui lui paraît la plus certaine et il est très-heureux que cette disposition existe dans l'homme, sans cela il serait incapable de progrès et fixé invariablement à la première idée qu'il aurait eue. Mais l'homme n'est pas seulement raisonneur, et de même que Dieu n'est pas seulement la souveraine prescience, la sublime *impassibilité,* mais aussi l'amour le le plus tendre, l'affection la plus généreuse, de même l'homme, faible image des perfections du Créateur, ne doit pas conserver une froideur imperturbable à la vue de la vérité blessée ou méconnue.

Un homme passionné pour la musique, qui, discutant avec un autre homme, s'apercevrait que son adversaire n'est pas sensible à *l'harmonie*, qu'il ne cherche par exemple dans la musique que le rapport numérique des sons entre eux, qu'il est plongé dans les profonds *calculs* du contre-point et n'en sort pas, en un mot, qu'il raisonne *savamment sur les lois de l'acoustique* et ne sent pas *les charmes de l'harmonie,* cet homme, dis-je, en faisant cette découverte, cessera probablement la discussion;

il y a plus : il plaindra ce malheureux qui est privé de l'une des plus délicieuses jouissances qu'il soit possible de concevoir, enfin il lui sera difficile de ne pas souffrir en voyant un être qui n'éprouve pas les mêmes sympathies que lui, et auquel Dieu semble avoir refusé de comprendre ce qu'il y a de plus divin dans ses ouvrages. Heureusement Dieu n'a refusé à aucun homme le pouvoir de mériter qu'il nous éclaire. Moi aussi j'ai été ce froid contre-pointiste de l'harmonie universelle; moi aussi (Émile pourrait s'épargner la peine de me le rappeler, car je ne saurais l'oublier), j'ai *calculé* froidement *l'utilité* de la religion pour les hommes, comme si je n'étais pas moi-même un être à face humaine, comme s'il était possible d'échapper à un des besoins éternels de l'humanité, et de ne pas puiser avec elle à cette source féconde de la plus pure exaltation des consolations les plus fortes, des récompenses les plus sublimes. Émile ne nie pas, il *espère*, mais il doute, il a donc une des trois grandes vertus, les deux autres viendront sans doute un jour, je le désire, car c'est le plus grand bien que je puisse lui souhaiter.

J'ai encore aujourd'hui à reprendre quelques points de tes lettres; je ne suis pas étonné que tu ne m'aies pas toujours compris et que tu aies cru voir des contradictions dans ce que je disais.

Et, par exemple, tu t'étonnes que nous prenions pour modèles les apôtres et que je dise avec conviction que nous n'avons encore rien fait pour que Dieu nous confie aujourd'hui une mission semblable à la leur. C'est quand nous n'aurons pris qu'eux pour *modèles,* c'est quand nous aurons fait tout notre possible pour les *imiter* que Dieu nous désignera pour proclamer sa volonté. De quel sceau serons-nous marqués, pour qu'on nous reconnaisse, me diras-tu? Veux-tu me faire une question comme cela, ma chère Thérèse? Dieu a-t-il besoin aujourd'hui, pour désigner les hommes auxquels il donne l'ordre de prêcher sa parole, de faire paraître une flamme sur leur tête, de faire briller dans le ciel une croix lumineuse, de nous frapper par des miracles matériels? Nous sommes complétement affranchis du polythéisme; apprécie donc mieux le progrès que Dieu à fait faire à l'humanité. Les chrétiens parlaient à des peuples barbares qui n'étaient frappés que par des objets matériels. Dieu a étonné leur intelligence par les seuls moyens capables d'émouvoir leur brutalité. Mais tu demandes comment on saura que nous parlons *au nom de Dieu :* songe donc que tu prononces là un blasphème, et que, si c'est la volonté de Dieu que nous exprimons, c'est qu'il aura voulu la mettre dans notre bouche : or, si Dieu nous choisissait pour organe, ne serait-ce pas le sceau le plus évident qu'il pût nous imprimer ; on saura que nous parlons au nom de Dieu, précisément parce que nous parlerons au nom de Dieu, et que sa parole dans notre bouche sera aussi miraculeuse, plus miraculeuse mille fois que jamais ne l'a été aucune de ses paroles révélées jusqu'à nous par la bouche des prophètes et des apôtres, parce qu'elle apportera au monde plus d'espérances, plus de bonheur qu'elle n'en a jamais promis, enfin parce qu'elle développera et accomplira la loi de la fraternité, qu'il a donnée aux hommes par le Christ.

Et ici, ma chère Thérèse, ne vois-tu pas tout ce qu'il y a de grand dans cette parole de Jésus : *Je ne viens pas détruire la loi, mais l'accomplir*. Ne sens-tu pas que toutes les raisons que tu t'efforces de trouver pour t'opposer à ce que nous fassions ce que l'Église dégénérée du Christ ne peut pas faire, auraient pu être opposées, ont été opposées à Jésus lui-même par les docteurs qui prétendaient avoir seuls mission de faire connaître la volonté de Dieu.

Revenons au miracle et réfléchis sur ce que je disais, je crois, dans une de mes lettres : que le catholicisme était encore appuyé sur un matérialisme qui tendait à disparaître. Un miracle ne rappelle-t-il pas toujours involontairement à ton esprit particulièrement un dérangement, *inexplicable par l'homme,* des lois auxquelles il croit que sont soumis les phénomènes de la matière? Quand les phénomènes de l'intelligence sont peu importants, lorsque les sentiments humains ont encore été peu observés, de semblables miracles sont les seuls qui peuvent agir sur l'esprit même des individus les plus éclairés; tu peux en juger par l'importance qu'avaient de semblables miracles sur l'esprit du peuple, surtout avant le christianisme. Une éclipse a pu sembler exprimer la volonté de Dieu à une époque où elle ne pouvait pas être calculée. Je dis qu'elle a pu réellement exprimer la volonté de Dieu, parce qu'il savait l'effet qu'elle produirait sur les hommes qui en seraient témoins.

Je ne nie pas que des phénomènes semblables, inexplicables dans l'état actuel de la science, ne puissent exciter un grand étonnement. Mais, outre que l'état du passé nous a appris à nous défier de la puissance scientifique de l'homme, et à toujours croire que nous pourrons un jour expliquer ce qui, dans un fait matériel, nous paraît incompréhensible, il me semble que c'est précisément dans une vue de bonté pour nous que Dieu a toujours de moins en moins employé ces moyens, tandis qu'il nous a fait voir sa puissance *surtout* dans l'élévation spirituelle de son œuvre chérie, l'homme ; de même que, dans l'industrie, plus nous irons, et plus l'homme trouvera de *crédit* sur son intelligence et sa moralité sans être obligé de donner un gage matériel de son travail (ainsi qu'il le faisait lorsqu'il était esclave, et que sa personne répondait pour lui, ainsi qu'il le fait encore en donnant un gage matériel équivalent, souvent même supérieur à ce qu'on lui prête), de même Dieu parle de plus en plus à notre intelligence, à nos sentiments, et ce nouveau langage est plus puissant que tout autre sur nous.

Maintenant j'aborde une question que vous avez traitée, Émile et toi, de deux manières à peu près semblables, quoique dans un but différent : je veux parler de la perfection de la morale de l'Évangile, ne comportant plus aucune amélioration. Émile n'a pas compris notre admiration pour l'Évangile, mais il a encore moins compris la *critique* (si je puis me servir de ce mot qui ne me convient pas du tout) que nous en faisons, c'est-à-dire qu'il n'a pas vu qu'après avoir forcé une société dans laquelle tout le monde se battait à cesser le combat, il se présente encore une question fort importante : *Qu'allons-nous faire ?* Est-ce simplement une trêve, et recommencerons-nous demain à nous battre ? Non ; eh bien, que ferons-nous ? Ce que vous ferez, répond Émile, vous vous aimerez les uns les autres. C'est bien; mais ensuite? Ferons-nous des armes ? Oui, car les armes plaisent à César ; non, car elles ne doivent plus nous servir. Mais l'Évangile ne dit pas qu'il ne faille pas s'occuper des sciences, de l'industrie et des beaux-arts. Je le crois sans peine ; s'il le disait, évidemment ce ne serait pas un livre divin. J'admets d'ailleurs, si l'on veut, qu'il nous dise positivement que, pour plaire à Dieu, il faut non-seulement aimer son prochain, mais cultiver l'intelligence de l'homme en lui faisant connaître de mieux en mieux les lois des phénomènes qui nous entourent, afin de rapprocher autant que possible la créature du Créateur, en lui faisant mieux apprécier l'ordre auquel il a soumis l'Univers, j'admets, dis-je, tout cela; mais encore comment devons-nous constituer nos sociétés pour atteindre ce noble but? Faut-il, par exemple, que les fonc tions sociales soien *héréditaires*, ou réparties suivant les degrés des capacités? Faut-il qu'il y ait des hommes chargés d'enseigner la religion, et qu'à d'autres soit confié le soin de professer les sciences, de montrer la route de la vertu, comme si ce beau mot de religion ne voulait pas dire science et vertu? Faut-il que l'enfant d'un homme laborieux ou le descendant d'un noble baron enrichi par la guerre, se repose dans l'oisiveté, à l'ombre des travaux de ses pères? Quel rôle enfin les femmes doivent-elles jouer dans cette grande réunion de frères? Sont-elles là, comme elles étaient à Rome et en Grèce, l'instrument nécessaire pour l'entretien de la population? car, tu le sais, on se mariait uniquement pour avoir des enfants, et surtout des enfants propres à frapper de bons coups de sabre; un mari livrait sa femme et choisissait dans ce cas l'homme dont il espérait avoir les plus beaux, les plus forts enfants.

Émile me dit qu'il ne saurait concevoir un citoyen plus parfait que celui qui obéirait en tout à l'Évangile et qui n'aurait pas d'autre rôle. Il pense donc que Dieu a donné à l'homme, il y a dix-huit cents ans ans, et à une époque évidente de désordre, de mauvaises mœurs, la règle de conduite la plus parfaite, tellement complète qu'elle eût renfermé tous les progrès futurs; il reconnaît un *miracle* aussi prodigieux, et cependant il *doute* encore ; Jésus-Christ ne lui *prouve* pas l'existence de Dieu. Il sait que depuis lors la société a fait des progrès énormes dans les sciences, et que sa puissance industrielle s'est considérablement augmentée; il reconnaît d'un autre côté *qu'elle n'a pas fait un pas* sous le rapport moral, que Jésus-Christ est la source de la plus complète vertu, et il ne voit pas Dieu en Jésus-Christ! Il faut qu'il soit aveugle, car moi qui me rappelle du Sauveur, moi qui l'entends dire, même à ses disciples : *J'aurais encore bien des choses à vous dire,* MAIS ELLES PASSENT VOTRE INTELLIGENCE ; *lorsque* L'ESPRIT DE VÉRITÉ *viendra, il vous instruira de toute vérité;* moi qui crois que la morale révélée n'est pas complète et définitive, qu'elle avait pour but de préparer l'association humaine, mais non de la *constituer* (c'eût été impossible à cause de *l'intelligence* de ces peuples), je vois mille fois plus Dieu en Jésus-Christ que les apôtres eux-mêmes ne pouvaient le voir parlant par la bouche de Moïse. Saint Paul lui-même n'a-t-il pas répété, et dans le même sens, ces divines paroles? Saint Augustin a dit : « Le peuple juif était si » grossier et si charnel que Moïse ne jugeait » pas à propos de lui parler d'autres ouvrages » de Dieu que de ceux qui sont visibles et » corporels. » Il ajoute : « L'homme charnel » auquel votre serviteur Paul s'adressait, ne » doit pas être tout à fait abandonné de la » lumière dans la nuit où il est encore, mais » il faut qu'il se contente de la clarté de la lune » et des étoiles; que vos ministres cultivent » les fidèles d'une autre manière qu'ils n'ont » agi envers les *païens*, auxquels on prêchait » votre parole; ils parlaient par des *miracles* » et ne proposaient les mystères que comme » voilés et couverts d'obscurité, afin que *l'igno-*

» *rance* qui est *la mère de l'admiration*, les
» remplît d'étonnement en voyant des mer-
» veilles si extraordinaires dont ils ne pouvaient
» comprendre la cause. » Voilà de quelle manière nous *critiquons* l'Évangile, voilà ce qu'Émile appelle la destruction que nous voulons opérer de la parole du Christ, nous qui l'admirons bien plus que saint Augustin n'admirait la Genèse, par la raison que les peuples pour lesquels l'Évangile avait été fait étaient bien plus éclairés, bien meilleurs que ceux à qui Moïse inspiré par Dieu était encore obligé de donner une loi de sang, d'extermination, de vengeance contre les autres peuples, tandis que le Christ ne donnait d'autres armes à ses apôtres que la parole de charité et de vie.

Ne t'effraye donc pas, ma chère amie, quand tu nous vois dire que Dieu révèle aujourd'hui aux hommes une nouvelle volonté, *annoncée* par Jésus-Christ, mais *non exprimée* par lui, puisque lui-même nous a déclaré qu'il ne voulait pas dire *toute vérité;* et que nous voyons, par l'exemple de Moïse apprécié par saint Augustin, que, dans les vues de Dieu lui-même, *toute vérité n'est pas bonne à dire*, et qu'il les réserve pour le moment où l'homme est capable de les entendre.

Mais je suppose que tu admettes, comme je l'espère, cette nécessité de parler aux hommes un langage qu'ils comprennent, sans doute tu te rangerais encore du côté d'Émile, et tu me dirais : Ou ce que vous annoncez est déjà proclamé par l'Évangile, ou cela est inférieur et contraire même à la parole du Christ. Pour cela je vais répondre à toi et non à Émile, car il est tombé dans une si grande erreur, quant à notre doctrine, qu'il regarde comme toute *matérielle* ou du moins comme *particulièrement* propre à exciter l'amour des richesses, qu'il a besoin d'y réfléchir encore ; et, pour s'éclairer à cet égard, il lui suffira de songer à l'esprit qui règne dans mes lettres, au désir qui m'anime, à l'absence de toute vue terrestre pour ma personne, pour comprendre que la doctrine de Saint-Simon peut aussi *pénétrer dans le cœur de l'homme, qu'elle tient compte de ses passions, qu'elle demande à ses disciples* le *sacrifice de leur bien-être actuel, que nous ne mettons pas ce bien-être actuel d'un jour avant tout;* car j'ai dit toutes ces choses, et Émile me permettra de croire que je suis élève de Saint-Simon ; que j'exprime mieux l'essence de sa doctrine qu'il ne peut le faire, lui qui s'en est occupé certainement beaucoup moins que moi et surtout avec moins de désir de la posséder tout entière.

C'est donc à toi, ma chère amie, que je vais m'adresser. J'ai besoin d'ajouter un mot cependant sur l'étonnement dans lequel la lettre d'Émile, m'a plongé, car il paraît convaincu que les gens auxquels on a prêché le christianisme pendant les premiers siècles de l'ère chrétienne, que les Barbares qui ont quitté les sacrifices humains pour recevoir l'hostie consacrée, pour boire encore du sang, mais quel sang ! le sang mystique du Christ ; que les païens de Rome qui prenaient encore quelque plaisir, comme il le sait, aux boucheries du cirque (Alipe, ami de saint Augustin, en avait raffolé) ; que des hommes qui traitent en général les femmes comme des instruments de plaisir, pouvaient aller aussi loin que nous dans les voies de *charité* et d'*amour* que doit ouvrir toute religion. Il ne comprend pas non plus comment l'état actuel des *richesses* humaines est une condition pour mieux comprendre la volonté de Dieu ; et cependant il sait que, plus les besoins sont difficilement satisfaits, moins on a de temps pour élever son intelligence et améliorer ses *sentiments,* et plus on est près des mœurs sauvages ; or, connaître mieux la volonté de Dieu, n'est-ce pas être plus *savant* et plus *vertueux?* Qu'il en juge par les hommes qui paraissent aux chrétiens les meilleurs interprètes de la volonté de Dieu, Ambroise, Jérôme, saint Paul. Quelles profondeurs de la science de cette époque ces grands hommes n'avaient-ils pas sondés ! Et, dans des temps plus modernes encore, où trouvera-t-il une érudition plus vaste que celle d'un Leibnitz, d'un Bossuet, d'un de Maistre ? La Grèce nous a donné Socrate, Aristote, Platon, dira-t-il ; oui, mais à quelles conditions ? L'esclavage. Il fallait alors que la grande majorité des hommes fussent traités, même par Aristote, comme des bêtes, pour qu'un génie aussi puissant pût s'élever dans les hauteurs de la philosophie ; car l'espèce humaine était encore trop *pauvre* pour que la guerre ne lui parût pas le meilleur moyen de *s'enrichir;* elle connaissait trop peu *la puissance de l'industrie,* pour ne pas être avilie sous le joug de la guerre. Au reste, je me trompe peut-être, Émile a pu seulement avoir l'intention de me prouver que si les peuples actuels sont plus éclairés et plus moraux que les Romains, les Grecs ou les Saxons, nous devrions faire en sorte de leur arranger *une petite religion* plus savante et plus pure que le christianisme, tandis que nos doctrines lui sont inférieures. Ici, il se rencontre avec toi; je vais donc continuer.

Tu es donc convaincue que le christianisme a rendu les peuples qui l'ont adopté supérieurs en tout aux Romains; j'ajoute que, même sous le rapport de la *richesse*, c'est à lui que nous devons la supériorité que nous avons sur eux, en ce sens que des hommes qui se battent toujours ou sont toujours prêts à combattre, sont les plus mauvais industriels que je connaisse. Or, personne ne doute que le christianisme n'ait amoindri la passion de la guerre. Tu me dis aussi que ton idée est qu'on observe si mal la religion du Christ qu'on peut et qu'on doit désirer un *changement* dans le monde chrétien. Ce *changement* sans doute c'est le retour à l'Évangile que tu entends; or, remarquons en passant que cette idée était la base de la *Réforme*. Je te montrerai, j'espère, en quoi elle était vicieuse, je dissiperai par là cette crainte que tu as pour moi, car Luther n'est pas mon patron, et, en même temps, je t'amènerai, du moins je l'espère, à des sentiments plus conformes à la bonté de Dieu, qui a voulu que l'homme se *perfectionne* sans cesse. Et tu me dis, et voilà le point important : Si je vous voyais n'aspirer qu'à des choses *qui ne* REGARDASSENT PAS les successeurs de *saint Pierre et des apôtres*, et qui eussent évidemment un but *utile* et *estimable*, j'embrasserais avec zèle votre projet. C'est ici, ma chère amie, que repose toute la question entre nous, c'est là que se trouve le perfectionnement social que Jésus *cachait, même à ses apôtres*, qui ne l'auraient pas compris ; je t'ai déjà parlé, sous diverses formes, dans mes deux lettres, de ce point important ; je vais y revenir avec plus de détails.

La force brutale avait toujours dirigé l'*intelligence* et dicté les *sentiments*, lorsque Jésus-Christ apparut. Cependant le pouvoir de *César* commençait à n'avoir plus cette vigueur qu'il avait sous la République; la Judée était lasse des carnages nécessaires à son établissement ; les Romains ne se souciant pas d'aller chercher au loin de nouvelles dépouilles, la chaîne de l'esclave devenait chaque jour plus légère ; les femmes s'affranchissaient (par le libertinage, il est vrai) du joug de leurs maîtres ; enfin tous les liens qui avaient fait de Rome le camp des maîtres du monde se brisaient peu à peu. Jésus proclama la puissance de Dieu, mais il respecta celle de *César*, il *prépara* l'humanité à se ranger, comme elle l'a fait, sous la houlette du pasteur et sous l'épée des rois ; deux puissances gouvernèrent dans le monde après lui. Et combien d'actions de grâce ne lui devons-nous pas pour cette œuvre *politique*, la plus grande que nous connaissions dans le passé, car tu n'ignores pas qu'avant lui l'humanité avait été toujours gouvernée par *l'autocratie* dont la Russie est le seul exemple qui existe en Europe, tantôt exploitée par des *castes sacerdotales*, tantôt courbée sous le joug des guerriers. La division des pouvoirs spirituel et temporel établissait ainsi deux domaines qui semblaient bien distincts, et qui permettaient au moins de cultiver, dans *l'une des deux*, le germe des travaux pacifiques, toujours étouffé jusqu'alors ; *l'initiation* catholique et *l'initiation* féodale se faisaient séparément, tandis qu'à Rome et en Grèce l'éducation religieuse et l'éducation politique étaient une ; toutes les deux avaient le même but, faire des *citoyens*, c'est-à-dire des *soldats.* La Rome de l'avenir repousse cet héritage dégoûtant. Maintenant, disons, ma chère amie, si c'est critiquer le Christ que de dire qu'il a permis que la guerre, cette *vieille habitude* de l'espèce humaine, se continuât pendant quelques siècles, qu'il a même souffert qu'un moment encore Dieu fût le Dieu *des armées;* ne savait-il pas (lui qui savait tant d'autres vérités que celles qu'il disait à ses disciples), qu'en disant : *Rendez à César ce qui est à César,* on verrait alors que le parallèle entre César et Dieu ne pouvait pas être dans sa pensée *éternelle,* et que l'humanité apprendrait enfin, quand elle y serait préparée par *l'Esprit de vérité,* par l'amélioration de ses sentiments et de ses idées, que le pouvoir du sabre est impie, et que l'espèce humaine n'a été condamnée à l'encenser que comme une épreuve pour des meilleures destinées.

On[1] a pu concevoir jusqu'à nos jours, pré-

1. Le principe de l'exploitation *sans travail de l'homme par l'homme* a dirigé en partie les actes humains et a donné son caractère à nos lois civiles sur la propriété, à celles qui traitent encore les femmes comme des mineurs, qui nous

cisément parce que jusqu'à présent le pouvoir de César, quoique s'affaiblissant de plus en plus, a toujours subsisté, on a pu concevoir, dis-je, que quelque chose *d'utile* et *d'estimable* pût rester étranger aux ministres du Seigneur; car l'ordre social qui plaçait l'autel et le trône sur la même ligne, mais en deux endroits différents, commandait deux espèces de devoirs aussi différents, ceux envers l'Église, ceux envers le prince : l'Église même aurait pu dire, et a dit à tel ou tel boucher couronné : Tu as bien fait de massacrer dix mille hommes, puisque les intérêts temporels de ton pays l'exigeaient; mais elle ne se mêlait pas de la manière dont ce héros instruisait ses soldats au maniement des armes, et on aurait pu faire des découvertes très-utiles sur la manière de former un régiment en carré, qu'elle y serait restée étrangère.

Au reste, malgré cette division indiquée par

les font désirer pour leurs dots et non pour leurs vertus, à celles enfin qui transmettent quelques fonctions sociales par droit de naissance et non par droit de capacité, qui distribuent au hasard la richesse, comme si toute richesse n'était pas un *instrument de travail*, et ne devait pas être confié aux meilleurs travailleurs, quelle que soit sa naissance.

la parole de l'Évangile entre les deux pouvoirs, il n'est pas difficile de s'apercevoir qu'elle constatait une nécessité de *l'époque* où Jésus parlait, et non pas une des bases *éternelles* des institutions humaines ; car, *avec la meilleure foi du monde*, sans être *ultramontain* ni *gallican*, il est impossible d'établir une ligne de séparation entre le pouvoir spirituel, c'est-à-dire celui qui doit diriger les âmes, et le pouvoir temporel, c'est-à-dire celui qui agit dans le temps. Je sais bien qu'on peut dire, comme les admirateurs de l'*Ordre légal*, que les ecclésiastiques ne doivent pas se mêler d'éducation; cela prouve tout simplement que les constitutionnels croient que la morale n'est pas du domaine de l'Église ; c'est une manière commode de mettre de côté, sans se donner même la peine de la nier, toute espèce de religion. Qu'est-il résulté de l'impossibilité où l'on a toujours été d'établir la démarcation entre les deux pouvoirs? C'est que l'autel et le trône ont été presque toujours en lutte, et que cette lutte a été d'autant plus faible que le pouvoir de César s'adoucissait à la voix de l'Église. Mais Jésus-Christ, diras-tu, aurait-il fondé son Église pour se battre avec César? Oui ! il a mis la crosse en présence du glaive pour que ce dernier fût un jour vaincu ; mais l'Église *militante* n'a jamais pu être qu'une Église temporaire, car Dieu n'a pas condamné l'homme à toujours combattre.

Je m'attends encore à une objection qu'il faut que je prévienne. Le pouvoir souverain que je réclame pour l'Église, ne serait-ce pas de l'ultramontanisme tout pur à la de Maistre, ou mieux encore une institution comme celle des prêtres d'Égypte, ou bien quelque chose de semblable à l'autocratie de l'Empereur Nicolas, chef militaire et grand pontife des barbares du Nord ? Non, ma chère amie, *l'unité sociale nouvelle* n'est pas celle du passé. Toutes les églises détruites, toutes celles qui meurent, sont celles qui ont consacré l'exploitation de l'homme par l'homme, et qui l'ont *tolérée* comme l'Église catholique. Cette dernière, fille de l'Évangile, a accompli sa mission ; elle a détruit l'esclavage. Lui donner la suprématie sur le pouvoir temporel serait cependant une bien bonne chose, *mais à une condition*, c'est que Dieu lui révélât ce que Jésus-Christ a caché aux apôtres, parce que le temps n'était pas encore venu. Songe bien à cette parole, digne expression de la prescience divine, qui dérobait encore aux regards curieux de l'homme un avenir trop éloigné de lui pour qu'il pût le comprendre. Nous ne faisons donc pas le rêve de de Maistre ou de M. de Lamennais ; mais ne parlons pas de reporter l'Église à l'époque où Dieu ne la jugeait pas encore digne de lui dire toute vérité. Si elle veut que Dieu lui confie encore aujourd'hui la direction des peuples, qu'elle sache donc profiter, comme les premiers chrétiens s'en sont servis, des progrès qui ont été faits jusqu'à nos jours ; les chrétiens avaient cru que les sentiments humains pouvaient échapper au pouvoir de César, que l'intelligence de l'homme pouvait se développer dans une autre route que celle de la guerre ; ils ont constitué l'Église à côté du palais de César, et non comme autrefois dans l'antichambre du palais, car c'était là que se tenaient les savants et les artistes ; aujourd'hui, le palais de César doit s'écrouler sur les ruines mêmes de la basilique de Saint-Pierre, et les matériaux de ces deux édifices, augmentés de toutes nos richesses nouvelles, serviront à construire le nouveau temple du Créateur.

Comprendras-tu maintenant pourquoi je te disais que les prêtres devaient s'occuper de *politique?* C'est là le progrès qu'ils doivent faire, sous peine, non de manquer à la mission que le

Christ leur a donnée, ils l'ont remplie, je le répète, l'esclavage est détruit, mais de paraître à nos yeux comme des êtres sur lesquels la main de Dieu n'est plus étendue, comme des êtres qui ne se sont pas mis depuis dix-huit cents ans en mesure de comprendre ce que Jésus tenait caché à ses disciples, ce qu'il refusait de leur dire à cause de la *faiblesse de l'intelligence* du peuple qu'ils devaient prêcher. Les peuples sont mûrs aujourd'hui pour cette vérité; que les prêtres demandent fermement à Dieu de la leur révéler, qu'ils fassent ce qu'il faut pour cela, qu'ils jettent les yeux sur l'humanité, qu'ils étudient avec amour ses besoins, qu'ils travaillent, en un mot, pour être réellement dignes de la diriger; alors, l'*Esprit de vérité* viendra les éclairer, alors ils prêcheront la volonté de Dieu, parce qu'ils comprendront nettement l'avenir vers lequel l'humanité s'avance, et qu'elle atteindrait sans eux, car Dieu le lui a réservé, et il saura toujours trouver les hommes les plus capables de l'y conduire.

Tu le vois, ma chère Thérèse, tu t'inquiètes à tort, quand tu attends de connaître toute notre pensée, pour savoir ce que nous approuvons et ce que nous *nions* dans l'Évangile. Nous ne *nions* rien de ce qui s'y trouve, parce que Jésus-

Christ lui-même nous l'a dit. Maintenant, que manque-t-il à cet Évangile? Je viens de le dire. D'une doctrine de morale individuelle, le christianisme doit se transformer en doctrine de morale *sociale;* de même que Socrate a constitué le premier la science de l'*homme*, et Saint-Simon la science de l'*espèce humaine*, de même les nouveaux chrétiens auront une morale politique que le Christ n'a pas voulu leur enseigner. Avant de leur montrer comment ils *s'organiseraient,* lorsque la guerre aurait cessé, il a voulu mettre fin à la guerre. Maintenant, je crois te l'avoir déjà dit dans une de mes lettres et répété dans celle-ci, nous nous sommes donné la main; *qu'allons-nous faire?*

Tu as bien raison de dire que tu ne vois nulle part dans l'Évangile que Jésus-Christ ait dit de s'occuper de politique; s'il l'avait dit, il est bien certain que les esclaves surtout l'auraient regardé comme un rêveur, et qu'il aurait même été crucifié le premier jour qu'il aurait dit une pareille nouveauté.

Ici se présente encore la plus forte objection : Avez-vous mission? Ce qui est la même chose que cette autre : Quel miracle Dieu a-t-il fait pour que l'on croie en vous? Je sens bien qu'il faut, en effet, un *signe,* car nous voulons qu'on croie en nous, et nous prétendons qu'on ne doit plus croire à ceux qui ont reçu le seul brevet de foi que l'on reconnaisse jusqu'à présent en fait de religion. Je vais donc revenir sur les miracles et sur les preuves de notre mission.

Je te dirai d'abord, en me servant des termes de saint Augustin, *tu es du nombre de ceux qui ne sauraient croire s'ils ne voient des prodiges et des miracles*. Cependant, comme *les miracles ne sont pas donnés pour l'édification des fidèles, mais des infidèles,* et que je n'ose pas te compter au nombre des fidèles de la nouvelle Église, je conçois ton individualité et tes exigences. Je n'aurais besoin que de toi-même pour te convaincre, ma chère amie. Ne dis-tu pas, en parlant de ma régénération spirituelle : Qui a pu opérer ce petit miracle? Il n'y a *que Dieu,* sans doute. Tu dis encore ailleurs : *Tu crois et tu espères en Dieu, il achèvera de t'éclairer.* Dans ces deux cas, je suis un être passif. Mais tu ne t'arrêtes pas là ; une apologie chrétienne dans la bouche d'Émile t'a paru un effet de mon influence, et tu ajoutes que les réflexions salutaires que je vous fais faire vous ramènent plus fortement que jamais à la religion dont on s'écarte toujours plus qu'on ne le veut, mais non à une doctrine dont tu te *défies*. D'un autre côté, Caroline n'en revient pas, Émile me conseille des douches et des émollients; vous n'osez pas faire lire ma lettre à d'autres amis de peur qu'elle ne les fasse tomber en syncope; j'espère que tout ceci sent bien le miracle, car entre toi et moi, je ne suis pas fou, n'est-ce pas? Disons cela bien bas pour que j'entende ta réponse. On te croirait folle à ton tour si tu disais hautement ce que tu penses, c'est-à-dire que je suis plus raisonnable que jamais.

Tu ne m'as pas compris quand tu trouves une contradiction entre les deux phrases où je dis d'abord que je n'ai pas fait tout ce qu'il faut pour être digne de l'*apostolat*, et ensuite que j'ose espérer que c'est Dieu qui m'inspire quand je cherche à connaître sa volonté. Tu ne sens pas comme moi toute la distance qui sépare l'apôtre, à une époque de régénération, de tous les hommes, même de ceux qui étudient assez tranquillement, près du feu, la tête reposée, la volonté de Dieu. Si je ne me compare pas aux apôtres, ce n'est pas que je me croie privé d'une relation avec Dieu plus intime que ne l'ont les prêtres de nos jours; ils sont en général, comme moi, dans de bonnes chambres bien chaudes en hiver; leur revenu est minime, mais assuré, on les plaisante un peu dans les journaux, on a plaisanté aussi le *Producteur*, cela se borne là. Ils ont, de plus que moi, la protection spéciale du gouvernement, ils sont dispensés de la garde nationale et du jury, ce dont je les félicite; ils ne payent pas patente, ce qui n'est pas mal du tout; enfin il faudrait qu'eux et moi fussions bien difficiles pour ne pas trouver que les choses vont assez bien pour cela. Cependant, je suis si difficile que ce qu'on appelle une existence assez confortable ne me suffit pas; je souffre et je désire un meilleur avenir; mais de moi aux apôtres du christianisme, de moi aux hommes qui sacrifient tout, fortune, considération, sentiment même, pour lutter contre de vrais païens, comme ceux qui existent au XIXe siècle, de moi à celui qui sait se condamner aux plus pénibles humiliations, qui se réduit à la misère, qui compte sur ses amis (à défaut de parents qui l'abandonnent), pour être porté au champ de repos, qui, possédé par l'esprit de Dieu, témoigne jusqu'à sa dernière heure, en célébrant les grandeurs que sa bonté réserve à l'espèce humaine, de moi à Saint-Simon, enfin, il y a loin.

Que ce nom ne t'effraye pas, mon amie, Dieu n'a pas voulu que Saint-Simon fût l'organe *religieux* de sa volonté; sa mission toute *préparatoire*, parce qu'elle était toute *philosophique*, a cessé au moment où il nous a montré, mais simplement *indiqué* la route qu'il fallait suivre, et c'est encore ici le cas d'admirer la profondeur des vues de Dieu. Si le premier ouvrage de Saint-Simon, tombé dans nos mains, avait été le *Nouveau Christianisme,* nous n'en aurions pas voulu savoir davantage; nous l'aurions rejeté parce que nous n'étions pas préparés, par notre éducation voltairienne et scientifique, à recevoir la vérité sous cette forme.

Ma chère Thérèse, le grand miracle que Dieu a fait pour nous, celui par lequel il nous a témoigné sa bienveillance, le voici : il nous a *changés* complétement, nous ne sommes plus les mêmes hommes, et nous ne sommes plus les seuls qui puissions observer ce changement. Or, conçois-tu comment un homme peut refaire ses idées, comment il peut, lorsque tout ce qui l'entoure le sollicite par de vieilles attaches, les briser d'un seul coup? Quand les savants pourront m'expliquer comment se crée un système d'idées, de sentiments entièrement neufs, quand ils m'auront fait voir qu'il y a une filiation non interrompue dans les opérations de l'esprit humain et qu'on ne passe pas par un saut *brusque* dont nous ignorons la *cause*, d'un système de désorganisation comme celui de la *liberté* à un système d'ordre comme le nôtre, j'avouerai que cette cause n'est pas la volonté d'un Dieu ; jusque-là je ne reconnaîtrai qu'à Dieu seul le pouvoir de bouleverser ainsi tout mon être. Ce n'est pas Dieu, dis-tu, c'est Saint-Simon qui m'a ensorcelé? Mais qui a donc ensorcelé Saint-Simon? De quel maître relève-t-il? Quel est son père en philosophie?

Au reste, quelle que soit l'idée que je me fasse de la volonté de Dieu à cet égard, je peux me tromper, telle est mon opinion. Pour prouver ma mission, tu demanderas donc que je fasse des miracles ; mais n'en est-ce pas un de t'avoir fait dire que tu ne pouvais pas t'empêcher d'éprouver du *respect* pour la faible partie de notre doctrine que j'ai déjà exposée à tes yeux? Dis-moi, hors de l'Église et de nous, quelles sont les idées qui te causent ce sentiment? Où vois-tu autant d'amour pour l'humanité, autant de zèle pour accomplir ce dessein de Dieu?

Mais j'embrasse ici une mauvaise cause, c'est

par la parole seule que l'Esprit-Saint doit se faire connaître de nos jours; celui qu'il anime ne doit pas s'efforcer de prouver qu'il est son organe; qu'il parle, l'espèce humaine le reconnaîtra, s'il célèbre dignement Dieu dans ses ouvrages.

Tu me dis que je te rends meilleure catholique; je veux encore te donner une leçon sous ce rapport. Il te paraît étonnant que nous voulions réunir tout le monde à notre doctrine. Cette prétention est une *chimère* à tes yeux. Eh bien, cette chimère est celle de toute religion basée sur l'unité, sur l'universalité de Dieu; c'est celle à laquelle se sont, heureusement pour nous, livrés les chrétiens en fondant le catholicisme. Il semble, à t'entendre, que des douzaines de religions à la mode protestante soient un enjolivement de l'humanité. Non, tu ne verras pas en moi un Luther, pas plus qu'un Bossuet, je ne prêcherai pas comme l'un l'indépendance individuelle en fait de croyance; comme l'autre, je ne soustrairai pas mon pays à l'influence de Rome nouvelle. Mais ici je dois te donner de nouveaux développements sur une idée que je t'exposais précédemment et qui sera peut-être difficilement comprise par toi et par Émile. J'ai dit que l'Église nouvelle devait s'élever sur les ruines de l'ancienne, et sur celles de *César;* vous pourriez croire par là que je ne veux pas qu'il y ait de direction temporelle dans la société. Rappelez-vous que *César,* c'est le *sabre* et non l'industrie; il faut écraser le pouvoir de César pour que le pouvoir de l'industrie s'élève, mais alors la vieille *division* des deux pouvoirs, cause inévitable de lutte, puisqu'il ne saurait y avoir d'association possible entre le germe de la vie et l'instrument de la mort, cette division, dis-je, devient une *combinaison* d'efforts dans un but commun, l'amélioration morale, physique et intellectuelle de la créature pour la rendre plus digne du Créateur. Le sabre ne peut plus rien améliorer aujourd'hui; on n'en a plus besoin comme autrefois ni pour s'enrichir, ni pour opérer des conversions, en un mot, pour *civiliser* le monde; du moins si on l'emploie encore, il ne sera tiré que dans ce noble but, et non pour dépouiller nos semblables; l'industrie, les sciences et les beaux-arts, voilà les trois pouvoirs de l'avenir, se réunissant tous sous le rapport politique pour améliorer la vie terrestre sous le point de vue religieux; pour embellir l'avenir céleste des plus pures espérances.

Je ne peux pas encore finir, car j'ai beau faire, je ne saurais m'empêcher de revenir sur cette grosse erreur, commise par Émile, dans le caractère *matériel* qu'il donne à notre doctrine. Ceci me permettra d'ailleurs d'expliquer un point sur lequel la religion nouvelle doit différer radicalement de toutes les religions du passé, et où elle paraît se trouver en contradiction avec l'Évangile. Émile nous reproche de donner au bien-être actuel plus d'importance qu'au bien-être futur, de *préférer* les progrès de l'industrie *à tout*. Je ne sais où il a vu cela, au moins ce n'est pas dans les lettres que je t'ai écrites ; de pareilles idées s'y seraient glissées à mon insu (et je suis certain du contraire), qu'elles seraient trop contradictoires avec l'esprit général de ces lettres (qui ne parlent que d'avenir et de sentiment) pour n'être pas évidemment une erreur, une véritable faute d'inattention. Il en résulte d'abord qu'il nous reproche de n'avoir *pas prévu que l'homme aurait toujours des souffrances qui exigent des consolations.* En me plaçant sur le terrain de la science dont le but est de *prévoir*, je répondrai qu'il faudrait avoir la vue bien courte pour ne pas prévoir pareille chose, mais ce n'est pas seulement de la science que nous faisons; ainsi, outre qu'elle nous enseigne à prévoir le retour d'un *phénomène* aussi inhérent à notre nature, si nous ne SENTIONS pas le besoin de consolations, de récompenses, je doute que nous pussions nous-mêmes croire en Dieu. Enfin, Émile nous donne le secret du christianisme, de cette religion qui est *surtout* la religion du *malheur,* parce qu'elle promet protection et récompense aux malheureux *tourmentés* sur cette terre *par leurs semblables.* Oui, le christianisme était la religion *du malheur;* c'est précisément pour cela que Dieu réserve de nouvelles vérités à l'avenir.

Si les malheureux exposés aux vexations de leurs semblables, aux lois de la nature dont ils ne savaient ni se garantir ni profiter, aux privations les plus dures, formaient autrefois la majorité de l'espèce humaine, ils seront un jour les tristes *exceptions* témoignant l'imperfection de l'homme. Le christianisme devait donc être *surtout* la religion du malheur, car les masses étaient malheureuses; nos croyances nouvelles sont surtout pleines de joies et d'amour, parce que la société sera organisée précisément dans *l'intérêt de ces classes* autrefois malheureuses. L'homme faisait *surtout* souffrir l'homme autrefois ; c'était *la loi commune,* ce sera un crime dans les siècles futurs.

Cette teinte de malheur donnée à la religion chrétienne par le divin *Consolateur* qui l'a fondée, fera comprendre à Émile le dégoût qu'elle inspirait pour toutes les choses de ce monde. C'était le même esprit qui faisait dire à saint Augustin : « Quant à vous, race chérie, âmes saintes *qui êtes les faibles du monde,* allez et confondez les *puissants* du siècle. » Que la loi du Christ soit accomplie; que les *puissances* du siècle, où la *puissance* ne donnait que l'idée de violence soient confondues ; *que les faibles du monde* montrent leur force pour la victoire, en un mot, que l'humanité *se transforme* complétement : alors ces âmes saintes sorties d'abord des rangs les plus obscurs seront bénies par toute la terre ; l'ancienne force sera la faiblesse, l'ancienne vertu des forces du passé (la passion des forts) sera le vice, et la vieille noblesse des armes sera remplacée par celle des travaux pacifiques. Mais non, Émile a sondé l'éternelle prévoyance du Christ. « Jésus savait, me dit-il, qu'il y aurait toujours des oisifs vivant des sueurs du peuple, des puissances qui abuseraient de leur pouvoir pour opprimer leurs semblables. »

Il le savait? Et pourquoi donc sa divine religion a-t-elle toujours de plus en plus diminué la barbarie de cette oppression ; pourquoi l'esclavage sous toutes les formes disparaît-il peu à peu ; pourquoi ne reste-t-il plus aux oisifs, aux puissances de nos jours que le loyer des instruments de travail pourquoi l'homme n'est-il plus *la chose* d'un autre homme? Jésus menaçait les oppresseurs d'un *avenir sinistre;* qu'ils ouvrent les yeux aujourd'hui, ceux qui voudraient vivre comme vivait un patricien romain, la place de Grève en ferait justice. Cet avenir sinistre s'avance chaque jour, et Jésus le savait, quoi qu'en dise Émile, car c'est à lui que nous le devons; c'est la malédiction qu'il jette sur les passions brutales, qui a germé depuis dix-huit siècles, cultivée par les travaux de ses ministres.

Je ne m'attendais pas non plus à voir Émile me prouver que la religion du Christ fût toute immatérielle, et spiritualisée au dernier point, non que ceci, dans son opinion, puisse être un très-grand mérite, car cette qualité ne lui sert qu'à montrer plus clairement à quel degré de *rêverie* l'exaltation d'une tête chaude peut aller, mais parce que les faits historiques sont trop évidents. Qu'il réfléchisse à ce que je dis dans cette lettre des miracles, qui tous, ou presque tous, sont des phénomènes de l'ordre matériel ; qu'il songe à l'apparition en personne de Dieu incarné, à la communion, divin symbole, à la *forme* donnée au Saint-Esprit, et que les chrétiens grecs vénèrent comme un fétiche dans leurs maisons; qu'il se souvienne de la puissance donnée à des *reliques* et non à l'amour seul pour les vertus des saints personnages qu'elles rappellent; qu'il voie ce que c'est que le baptême de saint Jean, conservé par les chrétiens grecs dans toute sa pureté et copié en petit chez nous, si ce n'est un lavage matériel. Il faudrait aujourd'hui être bien près de l'état sauvage pour ne pas savoir qu'il existe un autre moyen de laver l'âme de ses souillures; les bains des musulmans et en général toutes les aspersions n'ont pas un caractère plus spirituel.

Je ne crains pas de te blesser, ma chère amie, en te parlant ainsi, parce que je t'ai expliqué toute ma pensée à cet égard. Dieu s'était servi de tout temps des moyens qui devaient agir le plus utilement sur l'humanité; ce n'est pas une critique des religions du passé que je fais ici, je t'ai dit sur le catholicisme les mêmes choses que Jésus a dites pour la loi de Moïse, dictées cependant par Dieu; il les a admirées, mais c'est *l'esprit* qu'il a vivifié et non la lettre; il l'a tuée, grâces lui soient rendues.

. . . .

Émile m'a fait pouffer de rire en me disant ce qu'il entend par le mot de *jésuite.* « C'est, dit-il, un homme, prêtre ou laïque, qui a une aversion décidée pour la Charte! » Et il ajoute : « Non, *comme toi et les tiens,* parce que la Charte n'a pas assez concédé, mais, au contraire, parce qu'elle a trop concédé. » Je n'ai pas pu m'empêcher de communiquer cet aperçu *de notre opinion sur la Charte* à quelques-uns *des tiens,* en leur disant qu'il était fait par un ancien abonné du *Producteur,* très-éclairé, mon ami, et qui croit avoir compris Saint-Simon. C'est ici que nous avons réellement vu un miracle incompréhensible. Comment! nous avons de l'aversion pour la Charte *parce qu'elle n'a pas assez concédé!* Grand Dieu! que fallait-il donc concéder encore, et à qui devait-on concéder? Faut-il réduire le cens électoral à 5 francs, et aller chercher les ouvriers en patache pour leur faire nommer le souverain? Faut-il permettre à tout homme de porter un fusil, de rendre la justice, ou bien encore d'enseigner les enfants sans avoir fait ses preuves de savoir et de moralité? Faut-il permettre de prêcher l'immoralité, quelque profonde qu'elle soit, et attendre patiemment le crime qu'elle aura produit pour le *réprimer?* Faut-il que les soldats nomment leurs chefs, que les ignorants nomment à l'Académie, au professorat du Collége de France? enfin, les concessions que le pouvoir a faites au public doivent-elles s'étendre jusqu'à ce que le public, c'est-à-dire tous les hommes, soit souverain? Il n'y a que 93 qui nous ait donné le spectacle des concessions poussées jusqu'à ce point, et j'espère bien que nous n'y reviendrons pas; c'est assez d'une fois. Pour nous, il ne s'agit pas de concessions entre le pouvoir et le public, concessions qui transforment la couronne en bonnet de Liberté; il faut *refaire* le pouvoir, ce qui est autre chose; il faut lui *donner* le plus de force possible, car pour nous la force ce sont les *sciences,* la *morale* et l'*industrie.* Qu'il ne nous concède donc pas une partie, ou la totalité de ses moyens de direction générale de l'activité sociale, donnons-lui ceux qu'il n'a pas; chassons du pouvoir les hommes incapables, c'est-à-dire ceux qui ne sont pas au courant de l'état *scientifique*, des besoins de *l'industrie* et des *sentiments* d'union qui tendent à se développer entre tous les peuples, plaçons-y les véritables *puissances*, celles qui doivent nous diriger dans la route de l'avenir. Si les jésuites sont ignorants, si leur morale tend à nous rejeter vers le passé, éloignons-les de l'enseignement; mais *ne demandons pas pour tous les Français* le droit de les remplacer. Arrangeons-nous pour que ce soit les plus capables d'entre eux qui soient chargés de ce soin; ne revenons pas surtout aux *droits* de l'homme, ne discutons pas même les *droits* des producteurs, cherchons quel est *l'intérêt* de la production, c'est-à-dire quels sont les meilleurs moyens d'enseigner et de perfectionner les sciences et la morale, aussi bien que l'industrie.

Émile nous engage à ne pas frapper les airs de cris qui ne sont pas entendus. Je n'ai pas grand'chose à répondre à son conseil, si ce n'est que j'en appelle à toi, ma chère Thérèse; nos cris ont frappé ton oreille et ils ne l'ont pas déchirée; cependant ils devaient quelquefois te paraître discordants avec l'harmonie que tu aimes. Émile ne comprendra ni ton harmonie, ni la mienne ; il nous engage à démontrer l'*utilité* de notre doctrine ; c'est à peu près comme s'il engageait Rossini à démontrer qu'il n'a pas fait de fautes dans la partition de *Moïse* ; quelques savants pourraient alors trouver ses notes très-régulières, mais l'humanité veut l'entendre chanter. Pour nous, notre *démonstration* scientifique est bien avancée ; le nombre des hommes qui ont reconnu que nous savions le *contre-point* s'est accru, quoique Émile ne soit pas parmi eux. Il nous tarde de chanter ; Émile, je l'espère, ne se bouchera pas les oreilles ; s'il persiste, tant pis pour lui, car nos chants sont plus purs que ceux des hiboux qui nous étourdissent quotidiennement.

Voilà une sonate qui ne finit pas ; je suis fâché de ne pouvoir suivre le contre-pied des conseils d'Émile ; je me livre trop souvent encore à la *fugue* savante, je fais du *Chérubini* quand je voudrais faire du Rossini ; mais ce n'est pas un mal avec toi, ma chère amie. Je t'ai dit qu'à ton insu tu étais un peu protestante, c'est-à-dire que tu te laissais aller quelquefois à *raisonner* mathématiquement les croyances ; certes, la raison doit être d'accord avec elles, comme la science avec le génie poétique ; mais je plains le savant musicien qui attrape une note au vol, qui est occupé du doigté des exécutants, qui regarde si deux quintes clochent un peu, qui cherche toujours si tout est d'aplomb, qui craint enfin de se laisser surprendre et perdre sa règle et son compas musicaux en écoutant même les chants les plus passionnés.

Je finis cette longue lettre, mais je vais y joindre deux pages que tu pourras lire aux profanes; je ne comprends pas Eugénie dans ce titre, je veux qu'elle m'aime toujours comme je l'aime, et pour cela il faut bien qu'elle sache si ces nouvelles idées ont gâté mon cœur, s'il est toujours aimant comme autrefois, ou s'il est fermé aux souvenirs de notre tendre amitié; elle me trouvera toujours le même, rempli de ce calme parfait que j'éprouve aujourd'hui en songeant à tout ce que je vous dois. L'école avait formé mon intelligence, toutes deux vous m'avez appris à aimer.

Adieu; je vous embrasse en frère.

P. E.

P. S. . . . .

Saint-Cyr vous aura écrit que j'avais été un ou deux jours indisposé, et que j'avais eu un instant la crainte de revenir aux douleurs d'estomac ; ce malheureux café en est cause, j'en avais pris deux jours de suite ; les excitants sont décidément mes ennemis ; je n'en ai plus besoin comme autrefois, et il y a une bonne raison pour cela, la doctrine m'excite assez. Prends garde à toi, Thérèse! S'il t'arrive de mordre un peu à cette chère doctrine, ne remplis ta tasse qu'aux trois quarts, puis à la moitié, au quart, enfin réduis-toi au morceau de sucre trempé et abandonne-le tout à fait. Je reconnais que j'avais peut-être tort autrefois de vous faire la guerre sur cette large consommation que vous en faisiez ; nous sommes condamnés à avoir besoin d'un certain degré d'excitation ; quand celle du cerveau manque, il faut bien la remplacer par celle de l'estomac ; aussi regarde comme dans notre époque on consomme de moutarde, de café, de thé, d'épices, combien nous mangeons de sauces relevées, comme nous aimons la viande saignante ; sous ce rapport, nous sommes encore des Romains de l'empire. Saint-Cyr, aussi capable qu'il l'est de dévouement généreux et d'études sérieuses, Saint-Cyr, qui d'ailleurs mange peu, se brûle l'estomac pour entretenir en lui la chaleur qui remplace le feu sacré, la flamme pure qui aurait dû l'animer; son cœur se confit dans la moutarde.

Fais comme tu l'entendras pour lire ma lettre à Émile; ne crains pas de le voir pleurer en lisant ce que je dis du suicide; qu'il pleure, car il y a songé aussi.

Dans ta dernière lettre, tu me fais encore le portrait du bon prêtre, tel que tu te figures qu'il doit être. Quoique la lettre que je t'envoie aujourd'hui soit encore assez remplie de ce sujet, je veux ajouter quelques mots.

Ton portrait me rappelle celui que font en général les libéraux: le bon prêtre, à leurs yeux, c'est le bon vivant qui sait *rendre la religion aimable,* qui a de l'indulgence pour les *peccadilles* du monde; qui donne l'absolution à tout homme qui lui donne un bon déjeuner; qui, à la rigueur, ne se fermera pas les oreilles, ouvrira peut-être même la bouche dans les conversations badines; ce bon prêtre, c'est celui qui a prêté le serment révolutionnaire, peut-être même celui qui s'est marié et a divorcé, parce que celui-là connaît le monde; c'est enfin celui qui aime la Charte et refuse obéissance à Rome. J'en dirais plus encore, mais tu sais tout ce qu'on permet, tout ce qu'on exige quand on parle d'un prêtre, et qu'on ne croit à rien. Tu ne te fais pas une idée plus juste du prêtre, ma chère amie; les meilleurs, pour toi, sont ceux qui vivent *ignorés;* si tu parles de nos jours seulement, tu as raison, mais je ne parle pas avec toi de *ce qui est*, je veux ce que tu désires *que l'on fasse*. Crois-tu que les bons prêtres qui ont répandu la religion chrétienne, que les puissants organes de la parole du Christ aient été ignorés? Ce sont les saints, les martyrs; ils n'étaient pas ignorés, ceux-là qui remuaient le monde. Ils ne s'occupaient pas de politique, diras-tu; c'est une erreur: *ils faisaient de la mauvaise politique*, sans doute, puisqu'ils n'ont pas su conserver leur puissance, mais tu ne peux pas croire que la cour de Rome ne se soit mêlée de politique? c'est elle qui dirigeait les royaumes, c'est elle qui traçait une ligne sur la carte du nouveau monde. Ils ont mal fait, répondras-tu encore, c'est cela qui les a perdus. Au moins ici ton protestantisme est plus franc. tu critiques Rome comme Luther et Calvin l'ont fait; mais tu arrives trop tard; leur critique est condamnée, par qui? par les libéraux athées? — Non. — Par les gallicans? — Non. — Par nous qui bénissons cette vaste puissance au moyen de laquelle les papes ont préparé le monde à cette grande association qui lui est destinée? Si les papes ne s'étaient pas occupés de politique, si, jusqu'au XIIIe siècle, ils n'avaient pas été les plus grands politiques, nous gémirions encore dans un dur esclavage.

J'espère qu'en voilà assez sur ce sujet; je te prie en grâce d'y réfléchir et de songer avec un peu plus d'amour au bien que nous devons à Rome, et aux grands moyens qu'elle a employés pour le répandre sur nous. Tu as besoin, quoi que tu puisses en penser, de te réconcilier avec les papes; et tu as bien raison de me dire que je te fais du bien en te ramenant à l'Église, et en te sortant du prêche protestant auquel tu t'es laissée trop aller.

. . . .

P. E.

XXXIVe LETTRE

A RESSEGUIER

Rodrigues ne vous répond pas encore, mon cher ami ; c'est une raison de plus pour que je profite du départ de Marquier pour vous dire quelques mots ; il y a bien longtemps que cela ne m'est arrivé. Et d'abord parlons du *Producteur*. Vous êtes impatient de le recevoir, vos amis vous persécutent, il faut bien que vous ayez des nouvelles à leur donner sur notre difficile enfantement. Ne comptez pas sur le *Producteur* avant six mois ; malgré les demandes du public, malgré vos abonnements déjà encaissés, malgré votre bonne envie de le publier, ce cher *Producteur* ne vient pas aussitôt qu'on l'appelle ; il faut travailler, et pour le faire, et pour préparer les esprits à le recevoir. Jugez-en par vous-même, mon cher ami ; songez aux difficultés que vous éprouvez à entrer dans les nouvelles voies où la doctrine doit aujourd'hui se produire et entraîner ses lecteurs. Réfléchissez à l'effet qu'ont produit et que causent encore en vous les lettres de Rodrigues, c'est-à-dire les préliminaires indispensables pour faire passer la doctrine de l'état philosophique à l'état religieux, c'est-à-dire du provisoire critique au définitif organique; rappelez-vous les grands travaux des philosophes platoniciens et des premiers chrétiens, et vous verrez que nous sommes au moment où tous les grands problèmes de l'esprit humain doivent être mis au creuset pour recevoir leur forme définitive. Cette élaboration exige, vous n'en doutez pas, un travail considérable, et des ménagements à l'égard du public. Prendre les esprits à l'état où les a laissés l'ancien *Producteur*, et les porter brusquement sur le terrain où nos travaux, depuis deux ans, nous ont amenés, ce serait nous préparer des obstacles que nous croyons pouvoir en partie éviter. Dans ce but nous avons fait et ferons encore avec vous, pendant quelque temps, ce que nous avons fait ici ; nous avons réuni plus fréquemment autour de nous, par la correspondance ou par des conférences, les personnes qui avaient le plus profité de l'ancien *Producteur;* nous leur avons communiqué et leur communiquerons le résultat de nos propres travaux, pendant le sommeil de notre journal, et, à son réveil, nous espérons qu'elles feront chorus avec nous. Alors nous aurons peu de temps à donner aux oppositions que rencontreront les idées religieuses de la doctrine ; du moins le nombre des personnes pouvant les repousser se sera augmenté autour de nous, et le *Producteur* aura un caractère complétement unitaire, qu'il aurait été impossible de lui donner sans cette préparation.

Vous voyez, mon cher ami, que nous voulons vous donner l'intérêt de vos abonnements payés à l'avance, nous voulons que vous soyez en mesure de défendre vous-même la doctrine, comme vous l'avez fait jusqu'à présent, c'est-à-dire avec foi et avec amour ; chose que vous n'auriez pas faite il y a quelques mois, et ne feriez pas encore peut-être si les idées religieuses de la doctrine étaient attaquées. Tout ce que vous pourriez faire serait de ne pas joindre publiquement votre voix à celle de nos adversaires, et nous attendons autre chose de vous.

Marquier n'a pas encore touché dans la doctrine le point qui doit lui donner la commotion électrique, qui lui donnera la vie après laquelle il soupire. Occupé de ses démarches pendant son court séjour à Paris, nous n'avons pas pu le voir autant que nous l'aurions désiré, autant que nous le ferons, si, comme je l'espère, il réalise son voyage avec vous; nous comptons même sur l'impatience que déterminera en vous le peu de détails qu'il vous donnera sur nos travaux. Vous voudrez venir voir vous-même où nous en sommes, et vous êtes tellement certain de trouver des visages heureux de vous embrasser que vous ne rejetterez pas, comme vous paraissez y être disposé, à l'année prochaine, votre visite à vos frères en Saint-Simon. Marquier m'a promis de vous presser, écoutez-le.

J'aurais voulu pouvoir délivrer Marquier, je ne dis pas de sa misanthropie, ce sentiment fait au moins vivre en état de crise, mais de son ennui, de son engourdissement si naturel aux cœurs aimants qui ne trouvent aucun objet digne de leur amour; la doctrine n'est pas encore parée, à ses yeux, de charmes assez puissants pour réveiller ses sympathies. C'est à vous, mon cher Resseguier, à vous qui connaissez mieux que moi toutes les ressources de son cœur, qu'il est réservé d'opérer cette métamorphose; c'est vous qui devez lui donner une existence qu'il cherche et qui lui manque tellement qu'il croit la rencontrer même sous la robe du juge-auditeur, et sous le bonnet soporifique d'un procureur du roi. Il vous aime assez pour que vous lui rendiez ce service dont la doctrine vous remerciera parce qu'elle compte sur Marquier sorti de son assoupissement.

Vous ne m'écrivez plus, et ce n'est pas bien ; je suis toujours votre père spirituel, quoique Rodrigues m'aide dans ces fonctions ; vous avez plus de temps que moi à votre disposition, et j'ai besoin de vous entendre quelquefois à mon confessionnal.

Adieu, mon cher ami, aimez et cultivez la doctrine, propagez-la, mais venez aussi à nous, vous avez absolument besoin de Paris.

P. E.

XXXVe LETTRE

A THÉRÈSE

13 mars 1829.

C'est Émile que tu dois accuser, ma chère amie, si tu te plains de mon silence ; j'attendais toujours une lettre de lui pour vous écrire, tu me l'avais annoncée; nous en reparlerons tout à l'heure.

— Ta dernière lettre me force à prendre la plume; je veux te montrer que le carnaval ne m'a pas tué, et que j'entre bien portant dans le carême : tes craintes et tes conseils me prouvent ton amitié et je t'en remercie. Rassure-toi; Saint-Cyr ne me voit plus ma mine de Curson, mais j'ai trente-trois ans passés et je ne mène plus ma vie de voyageur. Je suis maigre comme les bons soldats, je crois pouvoir dire aussi comme les bons prêtres, parce qu'il faut être l'un et l'autre dans l'Église militante; ainsi Saint-Cyr et toi devez me trouver fort bien sous ces deux rapports isolés. Le rêve ou cauchemar dont t'a parlé Aglaé n'a pas eu de suites. Je dors sans réveil, *sept heures au moins* sur vingt-quatre; c'est bien assez. Je ne mange pas la moitié de ce que je mangeais autrefois; je ne fume plus du tout; je ne travaille que très-rarement le soir, je ne suis allé qu'une seule fois au bal, et encore est-ce parce que je n'ai pas pu m'en dispenser; enfin je suis sage, quoi que tu puisses croire de ma faiblesse, devant une table bien servie, parce que j'évite les occasions où la tentation pourrait bien me faire succomber. Je ne dîne jamais en ville, si ce n'est chez Camille, et je refuse même les amis quand ils ne sont pas en tout petit comité, devant le simple pot-au-feu du ménage. Rassure-toi, je te réponds de moi, tant que je n'aurai pas fait tout ce que je peux faire pour la doctrine ; Dieu n'appelle à lui les hommes que lorsqu'ils ont rempli leur mission, et je ne sens pas encore que la mienne soit finie.

Saint-Cyr, me dis-tu, se plaint de ne me voir qu'en dînant : il me serait difficile de le voir à d'autres heures à moins qu'il ne vînt à mon bureau, ce qu'il n'a fait qu'une seule fois par hasard. N'est-ce pas d'ailleurs une bonne heure pour se voir? De 6 à 10 heures, on a le temps de causer, lorsqu'on a quelque chose à se dire. Chaque fois que je leur ai demandé à dîner, je m'informais du jour où ils dîneraient seuls; je n'ai pu obtenir une seule fois la faveur du petit comité; ceci, il est vrai, n'est pas la faute de Saint-Cyr, c'est Camille qui a toujours combiné ces jours-là pour avoir Meyrand, Allard, Boultet, Holstein et d'autres. La conversation dans ces jours de débauche de table se ressent toujours plus ou moins des truffes et du Champagne, et surtout du foie gras. Si par hasard on quitte l'anecdote scandaleuse pour toucher la politique ou quelque sujet un peu élevé, tu penses bien que je file le plus adroitement que je peux à côté des discussions ; je laisse parler et je sens bien que mon silence peut quelquefois paraître ennuyeux à Saint-Cyr, mais réellement je ne sais qu'y faire. Je ne vois pas moyen d'éviter plus convenablement des conversations qui lui déplairaient sans doute encore plus. Je t'avoue même que je ne vois pas sans quelque ennui arriver le moment pouvant et devant probablement tomber sous les yeux de Saint-Cyr ; il verra ce que je ne peux pas lui dire. J'ai tout lieu de croire qu'il ne comprendra pas mieux, ou du moins n'approuvera pas davantage le nouveau *Producteur* que l'ancien, je suis même à peu près certain qu'il lui répugnera encore plus ; mais je ne connais aucun moyen d'éviter cet inconvénient. Cet ennui dont je te parle et que j'éprouve vivement, te fera sentir, ma chère Thérèse, que je n'en suis pas encore *à ne pas aimer ceux qui diffèrent d'opinion avec moi ;* mais j'admire les termes dans lesquels tu me témoignes tes craintes à ce sujet. J'entends dire, m'écris-tu, que, semblable *aux dévots*, tu n'aimes plus rien que tes idées, et cela me *déplaît* infiniment. Eh ! quoi ! toi aussi ! les dévots te déplaisent infiniment ; est-ce qu'ils ne pensent pas comme toi ? Mais alors, tu n'aimerais donc plus ceux qui *diffèrent d'opinion avec toi ?* Prends garde ! ajoutes-tu, tu as l'imagination bien vive et bien montée, ne t'y livre pas entièrement, s'il se peut. Prends garde ? De quoi dois-je prendre garde ? De devenir dévot ? et c'est une catholique qui me dit cela ! ! ! Sois sûre, mon amie, que si j'aime des personnes qui n'ont pas la même opinion que moi, c'est parce que je pense que Dieu ne s'est pas encore révélé aux autres hommes aussi fortement qu'à moi ; si sa volonté était généralement connue, tous les hommes qui se révolteraient contre elle, ne me paraîtraient peut-être pas dignes de haine, mais je ne les aimerais pas. Aujourd'hui, je sais faire la part de l'éducation que le dernier siècle nous a donnée ; je sais que beaucoup d'entre nous ont eu le malheur de naître à un moment où Dieu semblait se retirer de l'humanité pour que bientôt elle désirât plus vivement son retour. Ils mourront malheureux, sans espérance ; c'est en eux que Dieu frappera l'aveuglement de la dernière génération du passé, et ce sont les plus pures victimes qui éprouveront les plus profondes douleurs, car les hommes qui portent en eux le feu sacré, la puissance d'aimer, connaissent seuls les angoisses du dernier désespoir.

— Parlons d'Émile ; tu me dis qu'il se propose de me faire quelques questions sur lesquelles il me priera de répondre *clairement* par des *oui* ou des *non*, et la première, ajoutes-tu, est de savoir *si je crois en Jésus-Christ*.

Pour répondre clairement à une question, il faut avant tout que la question soit claire, et je l'engage beaucoup à réfléchir avant de me poser ces questions, parce que, si elles étaient toutes aussi mal faites que celle que tu me cites, je pourrais y répondre indifféremment par *oui* et par *non*, car certainement je crois à Jésus-Christ d'une manière qui n'est pas la même que celle de bien d'autres personnes qui y croient. Pour qu'Émile comprenne bien ce que je te dis là, je l'engage à me dire ce qu'il entend lui-même par *croire à Jésus-Christ*. Alors je pourrai répondre *oui* ou *non* aux questions qu'il me fera. Je sais bien qu'on croit souvent embarrasser quelqu'un en lui demandant de répondre catégoriquement par oui ou par non à une question; mais, je le répète, il faut que la question soit susceptible de réponse catégorique ; ainsi, par exemple, si Émile me demandait : Crois-tu qu'il ait existé un homme qu'on a appelé le *Christ*, je lui répondrais que j'y crois plus fermement encore que je ne crois à l'existence d'un César ou d'un Socrate, par la raison que j'ai pour ceux-ci comme pour l'autre un même moyen d'obtenir la conviction, *les traditions*, et qu'elles sont bien plus pleines du Christ que de César et de Socrate. S'il me demande encore si je crois que Jésus-Christ a fait et dit ce que les Évangiles racontent, je répondrai que je suis bien plus certain de ce qu'il a dit et fait que de toutes les autres histoires, car aucun fait n'a été aussi important pour toutes les générations qui nous ont transmis les faits du passé que la vie du Christ. Mais, je le sens bien d'avance, ce n'est pas précisément ceci qui l'intéresse dans sa fameuse question ; il veut savoir si je crois que le Christ, fils de Dieu, est assis sur un nuage bien rembourré à la droite de son père, qui a une grande barbe, et s'il cause avec un pigeon appelé Saint-Esprit; il veut savoir encore si je crois qu'il a été conçu par une vierge aux dépens de l'honneur d'un charpentier, mais bénin, Sganarelle de son temps; peut-être veut-il que je lui dise aussi si un pain à cacheter est bien le corps de ce Christ, auquel je crois, enfin c'est toujours Voltaire qui m'interroge, Voltaire décolorant la poésie du christianisme, pour faire, sans foi, de la poésie païenne. Qu'Émile me demande si je trouve la poésie du catholicisme plus belle que la mythologie, si l'époque évangélique me remue plus que les combats d'Achille ou les malheurs d'Enée, je lui répondrai catégoriquement OUI.

Je crois en Jésus-Christ, car je sais que Dieu n'a pas voulu que l'humanité restât à jamais païenne et sanguinaire, et je vois le Christ accomplir seul cette volonté par son divin sacrifice.

Mais je viens encore d'employer ce terme de divin qui fait rire Émile, ou du moins dans lequel il voit une figure de rhétorique plus ou moins bien appropriée à la phrase. D'où vient donc que l'athéisme n'a pas chassé cette figure? Si Dieu est une pauvre idée digne d'occuper les enfants et les femmes (car les athées mettent en général ces êtres au même niveau, et ils ont raison, puisque les enfants et les femmes savent aimer et qu'eux ne le savent pas), pourquoi sa figure exprime-t-elle toujours ce qu'il y a de grand, de beau, d'élevé? Est-ce un sacrifice que font les esprits forts aux vieilles habitudes de l'humanité? Nous permettent-ils d'employer cette tournure à condition de mettre entre parenthèses : *bien entendu, qu'il n'y a rien de divin, que tout est humain ?* Que celui qui se sent capable de faire ce que Dieu a fait, l'univers, ce que le Christ a fait, la régénération de l'humanité, nie Dieu et le Christ, il le peut, il sera Dieu lui-même et l'humanité l'adorera, invoquera son nom, lui adressera ses prières. Rien n'est divin que ce qui porte l'empreinte d'une chose surhumaine : mais l'existence de l'homme lui-même sur ce globe, sa création, celle de tous les objets qui nous entourent, ne dépassent-elles pas la puissance de l'être fini? L'homme est-il un fait humain? s'est-il créé lui-même? Oui, je reconnais Dieu là où je vois le pouvoir d'animer, car Dieu c'est la vie, c'est l'âme qui constitue l'unité, l'être. Que m'importent tous ces grands mots, dira Émile, l'âme, l'unité, l'être, la vie ? On a toujours déraisonné chaque fois qu'on y a touché. C'est possible, mais on y a toujours touché ; qui sait? l'espèce humaine est peut-être faite pour déraisonner, le globe est peut-être le

Bicêtre des créatures de Dieu. Ce qu'il y a de certain, c'est que ce sont toujours, parmi ces fous, ceux qui se sont le plus occupés de semblables rêveries, qui ont paru les plus forts et qui ont entraîné les autres ; chose assez naturelle d'ailleurs : un petit fou doit respect à un grand fou. Mais non, je me trompe, ce n'est pas là un acte de folie, le petit obéit au grand, le faible au fort, c'est assez raisonnable ; avec une pareille disposition, il y a de quoi constituer une véritable société ; de pareils fous n'ont besoin ni de chaînes ni de gardiens.

Revenons à la grande question : crois-tu en Jésus-Christ ? Saint-Simon, dans le Nouveau Christianisme qu'Émile sans doute croit connaître, s'est expliqué assez nettement sur ce sujet Un oui ou un non prononcé par moi ne saurait donner à Emile de nouvelles lumières ; je serais donc étonné qu'il me fît une pareille question. S'il n'a pas compris la manière dont Saint-Simon a répondu, qu'il m'interroge et me demande de nouveaux éclaircissements, des développements, je ferai mon possible pour le satisfaire. Le *Credo* n'est jamais chose facile à faire, on ne fait pas plus croire qu'on ne fait aimer, c'est la même chose. Qu'Émile commence par aimer, admirer le Christ, par confondre son intelligence devant l'*être prodigieux* (je n'ai pas dit divin) qui a semé une doctrine de paix dans des sillons abreuvés de sang, qui l'a arrosée encore de son propre sang, qui a produit, il y a dix-huit siècles, une morale à laquelle les plus grands génies n'ont encore pu rien ajouter, car je ne connais pas d'éditions revues et corrigées des Évangiles, je n'en connais pas surtout qui portent cette suscription : *considérablement augmentée ;* alors ce sera moi qui lui demanderai s'il y croit. Mais pour cela, il faut qu'il commence par mettre de côté l'entourage poétique qui cache le front du Christ, entourage que Voltaire a mille fois plus matérialisé que ne l'avaient fait les premiers chrétiens échappés à peine de l'idolâtrie; il ne faut pas prendre les rayons qui entourent la tête d'Apollon pour de la matière, sous peine de prendre une *noble idée* pour du *clinquant;* il ne faut pas croire que Moïse était un quadrupède de l'espèce des boucs, parce que les peintres lui mettent des cornes sur la tête : tous ces embellissements sont inutiles pour avoir foi aujourd'hui en Jésus-Christ. Le fils de Dieu, son fils *unique* (quoique tous les hommes soient ses enfants), sera plus grand au dix-neuvième siècle qu'il ne le fut pour des catholiques, de même que Moïse grandit à la parole du Christ.

Oui, mon cher Émile, oublie ce que Voltaire et les catholiques ont dit sur Jésus-Christ, refais sa vie au moyen de ses œuvres que tu connais, au moyen du riche héritage qu'il a légué à l'humanité; toi qui connais bien l'histoire, examine s'il y a quelque chose dans le passé qui approche de l'importance qu'a eu ce grand fait, ce grand homme, si tu veux; réfléchis surtout à ce qui existait avant lui, à la transformation miraculeuse qu'il a opérée dans l'homme; songe que celui qui croit en Dieu serait absurde, s'il ne croyait pas dans le Christ Dieu lui-même, s'identifiant à l'humanité pour la faire marcher dans ses voies; alors demanderas-tu à quelqu'un pour la capacité de qui tu auras quelque estime: Croyez-vous en Jésus-Christ? Non, tu remonteras plus haut, tu demanderas : Croyez-vous en Dieu? croyez-vous à une cause intelligente, principe de toutes choses, régulatrice du mouvement, ordonnatrice des phénomènes, certain que tu seras de la conséquence.

J'ai dit, ma chère Thérèse, que pour savoir ma profession de foi quant au Christ, il fallait se débarrasser et des idées de la critique et de celles du catholicisme. Sans doute ceci t'aura blessée; mais j'ai dit ausi, ou du moins j'ai fait entendre, que le Christ était plus grand pour moi et parlait plus à mon cœur qu'il n'est grand pour un catholique; ce correctif brouillera pour un moment tes idées, j'en suis sûr; tu auras de la peine à comprendre que l'on puisse voir quelque chose de plus grand que le fils de Dieu, que le Verbe divin incarné. Ceci est bien simple cependant: le Dieu de Moïse est le même que celui du Christ, c'est aussi le mien; mais les juifs se font-ils une idée aussi grande de Dieu que les chrétiens? Dieu ne nous révèle-t-il pas constamment et de *plus* en *plus* sa puissance; ne nous a-t-il pas dit de nous *rapprocher* sans cesse de lui, et par conséquent de le voir mieux, de nous abîmer de plus en plus devant sa splendeur mieux connue? Si le Dieu du Christ est plus grand que celui de Moïse, le Dieu de l'avenir sera plus grand encore que celui du Christ; on aimera donc plus qu'on ne les a aimées encore la mission de Moïse et celle du Christ, on appréciera plus chèrement les titres qu'ils ont à l'adoration de l'humanité, créée pour ainsi dire une seconde ou une troisième fois par eux. L'œuvre de la création n'est pas achevée ; Dieu ne nous a pas conduits où nous sommes pour nous faire languir loin de lui, à une distance qu'il nous aurait défendu de rendre à jamais moins grande ; son règne *arrivera sur la terre* comme dans le ciel ; la hiérarchie céleste sera l'image fidèle de la hiérarchie terrestre ; le Christ lui-même ne l'a-t-il pas promis ? Alors le *Verbe divin* aura été compris.

J'engage Émile à me faire d'abord ses questions sur ma croyance en Dieu, parce que je crois qu'en bonne logique, quand il aura discuté le principe, il aura une idée plus nette des conséquences ; sans cela les demandes et les réponses ne mèneraient à rien. Celles sur le Christ ne sont certainement pas les seules en vue ; je pense bien que j'aurais vu arriver les autres questions : crois-tu à la Trinité, à l'Eucharistie, peut-être bien au péché originel ? Je réponds d'avance que j'y crois, parce qu'il y a dans tous les dogmes un grand problème qui a toujours occupé et occupera éternellement l'homme ; mais est-ce saint Thomas qu'Émile croit interroger en m'adressant la parole ? Il se tromperait ; c'est à un élève de Saint-Simon, à un *nouveau chrétien* et non à un catholique qu'il parle. Qu'il me demande comment la doctrine de Saint-Simon résout ou croit que l'on résoudra ces grands problèmes, à la bonne heure ; mais m'interpeller pour que je réponde par oui ou par non, c'est une preuve qu'il ne sait pas encore ce que c'est qu'une doctrine complète, ou du moins qu'il ne reconnaît pas à la nôtre ce caractère. Tous les grands problèmes de l'esprit humain sont remis au creuset, quand les anciennes solutions ont achevé leur tâche, et qu'une longue critique les a déconsidérées. Julien n'a pu rétablir le polythéisme, Socrate et Jésus l'avaient condamné à l'oubli ; les juifs ont gardé les vieilles solutions de l'Ancien Testament, ils n'ont pas voulu adopter celles du Nouveau, Dieu les en punit sévèrement.

Mais, ma chère amie, le point sur lequel il m'importe de te convaincre, toi qui restes *juive*, toi à qui les nouveaux apôtres des gentils de nos jours ne peuvent pas inspirer la foi, car tu n'es pas idolâtre, je le répète, tu es pour nous ce que les juifs étaient aux premiers chrétiens ; le point, dis-je, sur lequel je veux fixer ton attention, est celui-ci :

L'Église est sans force ; le christianisme, après s'être répandu sur toutes les nations civilisées, après avoir régné, d'une manière unitaire, sous la direction du vicaire de Jésus-Christ, se dissout chaque jour en petites Églises particulières, l'athéisme se vautre en liberté, l'égoïsme (si naturel, là où la *communion,* c'est-à-dire l'unité de croyance, n'existe pas) s'est emparé de la société tout entière. Le catholicisme, du moins ce qui en a conservé le nom, se dévore lui-même; de Maistre et Lamennais font la guerre à Bossuet, qui lui-même l'a faite à l'Église de Rome; la *Gazette de France* tombe sur les ultramontains, et ceux-ci attaquent même les jésuites; l'évêque Feutrier et l'archevêque de Toulouse se déchirent, l'un en cachette, l'autre en pleine chaire. Les protestants anglais ne voient dans les Irlandais que des ennemis, et cependant les uns et les autres disent qu'ils relèvent du Christ. Les Irlandais, de leur côté, dans leur sainte fureur, veulent marcher au ciel sur les os des protestants (c'est ainsi qu'ils s'expriment dans leurs associations au dire de leur amie la *Gazette de France*). Je ne te parle pas trop de ce qui se fait en dehors de l'Église, le tableau serait plus sombre encore; mais celui-ci me semble suffisant pour te montrer que nous touchons inévitablement à une grande révolution religieuse; Dieu ne souffre pas aussi longtemps le désordre.

Pourquoi nous aurait-il inspiré les idées d'unité et de paix, si nous devions user nos forces dans les divisions, dans la guerre? Or, que fait l'Église? Dieu lui inspire-t-il les moyens de calmer ce désordre? Le pape écrit aux évêques de s'en rapporter à la piété éclairée du roi, et cette piété éclairée se réduit à peu près à des mensonges, faits d'une part aux évêques, de l'autre au peuple, et ces mensonges augmentent la défiance et la haine réciproques. Tu lis sans doute dans les journaux les mandements de quelques évêques et les critiques qu'on en fait avec une chaleur toute gallicane et constitutionnelle. Crois-tu de bonne foi que de pareils ennemis puissent jamais s'entendre, si l'Église ne fait un grand pas, si elle ne met pas d'accord ses hautes théories avec les exigences de la pratique, c'est-à-dire ses principes religieux avec la politique qu'exigent aujourd'hui les sociétés toutes différentes de celles qui existaient sous Grégoire VII.

Le papisme est une divine conception, on peut le dire, car elle est parfaite, puisqu'elle est l'image de l'unité; mais le papisme, ou l'unité d'une époque, ne saurait être le papisme d'une autre époque. Le gouvernement de la société doit être *un* comme le gouvernement de l'univers, mais la société se modifie, Dieu l'a voulu ainsi, puisqu'il a donné à l'homme le pouvoir de s'améliorer; le gouvernement des sociétés doit donc se modifier aussi, il doit marcher avec elles, ou plutôt, pour remplir sa mission, il doit diriger la marche progressive de l'humanité.

M. de Lamennaïs vient de faire un ouvrage dont je te parlais tout à l'heure, ouvrage qui sera peu lu par les libéraux et par conséquent par Émile, parce que les libéraux n'aiment pas à croire qu'il puisse sortir quelque chose de bon de la tête d'un prêtre. Le livre, foudroyé par un mandement gallican de l'archevêque de Paris, et par les *théologiens* du *Constitutionnel*, est un des premiers pas fait par un des hommes les plus vigoureux du clergé pour émouvoir l'Église, pour réveiller les docteurs de la vieille loi qui dorment encore plus qu'à l'Académie. Je doute qu'il exerce une influence sur ces imperturbables ronfleurs, qui rêvent le XIIe siècle pendant le XIXe; peut-être même sera-t-il mis à l'index du Vatican ; je n'en serais pas étonné si l'on parvient à mettre dans la chaire de saint Pierre un cardinal tant soit peu gallican, ce qui est fort possible ; que sais-je? nous verrons peut-être bientôt un pape constitutionnel, ce qui serait fort amusant ; un pape prêchant bénignement la liberté de conscience, c'est-à-dire renonçant à l'universalité et par conséquent au catholicisme ; un pape ne demandant pour la religion que la permission d'enseigner la morale au *même titre* qu'un Tartare, un Chinois ou même un athée ; un pape qui organiserait dans le clergé un système d'élection *par en bas* et un jury de laïques pour juger les clercs ; tout cela serait fort joli, sans doute, et en pareil cas Lamennais n'aurait pas beau jeu, on le traiterait comme un ultra et son procès serait bientôt fait.

Eh bien, ma chère Thérèse, ce pape dont je te parle et dont le portrait te fait sans doute horreur, nous en verrons un comme celui-là, si l'Église n'y prend garde, si elle se fait remorquer par le libéralisme. Depuis plusieurs siècles les clefs de saint Pierre passent dans des mains de moins en moins capables de s'en servir pour ouvrir les portes du ciel. Depuis Léon X, qui a eu le bonheur de trouver encore fumants quelques-uns des tisons du foyer allumé par Grégoire jusqu'à nos jours, quels sont ceux qui lui ont révélé son avenir, qui l'y ont entraîné ? Deux grands noms resteront peut-être : Pie VI et Pie VII, mais comme deux victimes sacrifiées le jour de mort du catholicisme; ceux qui leur succèdent sont de vains fantômes qui n'exercent plus même l'influence de la peur sur nos enfants, ils s'en amusent. Un pape règne, il meurt, l'Europe ne gémit pas, elle n'est pas un seul instant troublée; toi-même, peut-être, n'a pas assisté à une messe pour l'âme de Léon XII, peut-être n'as-tu pas songé à adresser à Dieu les plus ferventes prières pour qu'il daignât éclairer le conclave dans l'élection nouvelle. La France se dit catholique et, si son roi mourait, chaque homme de bon ton porterait le deuil; le pape meurt, on en cause au bal.

Blâmeras-tu maintenant les efforts que nous faisons pour rappeler l'Église à la vie, pour ressusciter le corps social, nouveau Lazare gangrené d'athéisme, pourri d'immoralité? Oui, ma chère Thérèse, voilà nos miracles; les morts sortiront encore du tombeau à la voix des élèves de Saint-Simon; le septicisme qui dissout l'âme, comme le temps ronge le cadavre, ne peut être combattu que par nous. Bossuet, comme le dit Saint-Simon, fit un feu terrible sur les incrédules et vida l'arsenal du saint-siége; mais leur front, à l'abri des foudres usées de l'Église, armé du paratonnerre voltairien, a renvoyé le feu du ciel aux mains qui l'avaient lancé ; l'aigle de Meaux a incendié Rome ; la France, fille chérie de l'Église du Christ, a renié sa mère ; elle a rétabli les *barrières de la patrie* que le Christ avait brisées en appelant *tous les hommes* ses frères, et l'Église gallicane a cru être quelque chose, quand, depuis plusieurs siècles, Jésus avait fondé sur Pierre une Église *universelle.*

Tu as vu encore quelques jours une vive discussion, dans le sacré collége du libéralisme, sur la mission et les couvents : M. Kératry, l'un des membres les plus respectables du clergé constitutionnel, a profité de l'occasion pour publier avec une naïve franchise que le *christianisme n'avait pas été inutile à la civilisation ;* M. Feutrier a entendu cela sans rire, l'évêque gallican a été calme devant le blasphème. Le *père* Kératry continuant a donné quelques coups d'encensoir aux missions impériales qui prêchaient la conscription, aux missions *obséquieuses* pour le pouvoir du sabre, pour le pouvoir du César moderne, geôlier du vicaire du Christ : Feutrier s'est tu encore. Enfin, l'ordre légal, invoqué par le côté gauche, est venu promettre le martyre de la police correctionnelle aux propagateurs de la parole de Dieu, qui, à l'étroit dans un village, dans un diocèse, élèveront la voix *adversus gentes*, s'adresseront à toutes les nations, comme les pères de l'Église : Feutrier a passé condamnation ; fussent-ils envoyés par le pape, par l'Esprit-Saint, par Jésus même, Feutrier mettra les missionnaires à la Force, car il est ministre de l'ordre légal et non de l'ordre catholique, de l'ordre divin.

Tu vas m'accuser d'injustice à l'égard d'un homme de Dieu, ma chère Thérèse ; tu me citeras quelques passages du discours de l'évêque où respire une bénigne et molle éloquence ; tu me feras entendre le ministre des autels défendant contre les attaques du libéralisme *les sœurs du pot,* les sœurs grises ; mais, dis-moi, est-ce l'Esprit-Saint qui parle par sa bouche ? tous les malades sont-ils à l'hôpital ? la société tout entière n'est-elle pas rongée par l'ulcère de l'égoïsme ? les hommes qui se disent bien portant ne sont-ils pas plus près de la mort, *du néant,* que le malheureux qui va seulement quitter la terre ? Glorieuse victoire ! faire pardonner à des femmes dévouées la tendre sympathie qui les pousse à calmer les douleurs physiques de la créature de Dieu ! Mais les douleurs morales qui donc porte le baume sur la plaie ? qui viendra aider la délivrance de l'épouse du Christ, de la société spirituelle, grosse d'avenir et livrée à l'empirisme de charlatans politiques? Réfléchis, ma chère Thérèse, à ce que tu m'as déjà dit dans tes premières lettres, tes paroles sont répétées par le ministre DES CULTES ; il croit, comme toi, avoir accompli dignement sa mission en faisant porter des bouillons aux malades, du pain aux malheureux qui ne sont réduits à la misère que par les vices de l'état social, et par l'indigne faiblesse de l'éducation ; puis il récuse l'Église pour régénérer l'état social; il la repousse même de l'enseignement; il la relègue dans le *dogme* catholique, convaincu de l'impuissance de ce dogme pour changer l'instruction et la conduite politique des nations. Le dogme, cependant, n'est-ce pas ce que l'humanité sait, n'est-ce pas le véritable nom de la *science*. Et, s'il en est ainsi, ce dogme n'est-il pas la règle de conduite la plus élevée, la *théorie* qui doit présider à la *pratique* dans les actes importants pour le bonheur de l'humanité? Mais M. Feutrier, et presque tous les prêtres s'abusent comme lui, ils croient (et c'est l'athéisme qui le leur a dit) qu'il doit y avoir un enseignement *classique* différent de l'enseignement *religieux;* un ordre *profane* qui est l'ordre politique et un ordre *divin* qui est celui de l'Église. Ils ne se doutent pas que la science du prêtre doit être l'*ensemble de la science humaine ;* que la science laïque ne doit être que le développement, la conséquence *d'une partie* quelconque de celle du prêtre ; ils ignorent que ce dernier, au lieu de se séparer des connaissances que Dieu a permis à l'homme d'acquérir, au lieu de se mettre en garde contre ce don précieux qui nous découvre les moyens de nous conformer à la volonté divine, devrait guider la *science* dans les voies du salut, c'est-à-dire la faire tourner au profit de la *morale* et par conséquent de toutes les relations des hommes entre eux. Enfin, les prêtres, soumis eux-mêmes à l'empire de la critique qui a détruit le catholicisme, ne voient plus dans le dogme et dans le culte qu'une théorie ou des pratiques qui peuvent s'adapter à toutes les sociétés. La révolution même n'a pas fait cesser leur aveuglement; ils vantent le catholicisme de son universalité, et cette universalité consiste pour eux dans la complaisance jésuitique avec laquelle le chrétien a, jusqu'à présent, sollicité le droit de bourgeoisie dans une société *impie*, puisqu'elle n'était pas *pacifique*. Non, l'unité de Dieu comme l'unité de doctrine qui en est l'image, comme l'unité sociale qui en est la réalisation, n'est pas un vain dogme; la terre est promise tout entière aux frères du Christ, la doctrine chrétienne sera réellement catholique lorsqu'elle aura assimilé, soumis à elle toutes les sociétés, lorsque tous les hommes auront la même règle, une seule règle, c'est-à-dire un seul et même *dogme*, et lorsque les actes sociaux seront conformes à cette règle, c'est-à-dire, quand les sociétés auront un même *culte*, et alors le nom seul de ministre des *cultes* rappellera un siècle où vivait encore le paganisme.

Je me suis amusé à te parler d'un pape constitutionnel; je ne croyais pas être aussi près de la réalité : tu as dû voir par les journaux qu'une conspiration libérale a voulu faire sauter le conclave; sans doute l'élu du peuple donnera ou recevra bientôt une petite charte à l'instar de la nôtre. Tu le vois, la mine a été tentée sous les murs du Vatican; le clergé saura-t-il faire une contre-mine? Non, il laissera tomber le palais papal.

Tu attends avec impatience l'ouvrage que je t'ai promis dans ma première lettre; cet ouvrage, ma chère amie, j'y travaille toujours, et en ce moment même, car ce sont mes lettres. J'espère qu'en te montrant le fond de mon cœur dans ces causeries intimes, tu me comprendras mieux que si je m'adressais au public qui ne me connaît pas comme tu me connais. C'est à toi que je fais la confession des combats que je me suis livrés; c'est à toi que je me plais à raconter ma victoire, certain de tout le plaisir que je te fais en te montrant que je me suis réconcilié avec l'éternité, et que je suis même à tes yeux en bonne voie pour obtenir un jour et le pardon et peut-être aussi la récompense. Le *Producteur*, dont nous avons retardé la publication, achèvera, je le pense, de te faire sentir le bien-être dont nous jouissons maintenant; la certitude que nous avons d'obéir aux prévisions chrétiennes, l'appui que nous trouvons dans des hommes comme de Maistre, Lamennais, et surtout les plus grands pères de l'Église, la conviction où nous sommes d'avoir parcouru et sondé à peu près dans tous les sens le champ aride de la science de nos jours, nous inspirent la ferme croyance que nous sommes appelés à être les instruments de la volonté divine. Ce serait à toi, ma chère amie, que j'aurais d'abord confié un événement qui m'aurait ouvert quelques espérances de fortune, quelques chances de gloire; eh bien! vois combien je dois éprouver de bonheur à te parler de la fortune, de la gloire que j'espère pouvoir acquérir aujourd'hui. Il ne s'agit plus pour moi de m'assurer les moyens de mourir dans un beau et bon lit, et d'obtenir dans la société actuelle un rang qui me permette de voir joindre pour épithète à mon nom ce mot *honorable*, ou même celui-ci : *monseigneur*. Je ne veux être ni député du peuple, ni général de l'armée de la nation : je veux être et je suis député de Dieu, l'un des généraux de la nouvelle milice.

Je t'avais dit que cet ouvrage promis à ton impatience me forcerait à étudier avec plus de soin encore le catholicisme, je l'ai fait et m'en occupe toujours ; je lis dans nos grands livres avec les yeux de l'avenir ; j'y cherche plus encore ce qu'ils nous promettent que ce qu'ils nous ont donné ; c'est le moyen de les admirer *doublement*, et voilà pourquoi je t'ai dit que le Christ et Moïse étaient plus grands pour nous que pour toi.

Je m'attendais à recevoir de toi de nouvelles réponses à ma dernière grande lettre ; il paraît que celle que je vous ai écrite dernièrement et où je ne disais que quelques mots de doctrine pour qu'Eugénie la lût, puisqu'elle refuse de lire les autres, il paraît, dis-je, que cette lettre t'a fait oublier la précédente, car tu m'as écrit trois fois depuis et tu ne m'en dis plus rien. Je suis cependant bien certain que tu as beaucoup d'objections à y faire, et d'ailleurs elle était assez longue pour que de nouvelles lectures ne t'aient pas fait apercevoir des idées que tu aurais omises à la première. Je t'avais prié aussi de t'abandonner avec moi à tes propres sentiments, de me dire ce que tu espérais de la bonté de Dieu, non-seulement pour toi, mais pour tout ce que tu aimes, pour ta famille, pour tes amis, pour les personnes qui souffrent sur cette terre; pour celles qui ne sont pas traitées comme des créatures de Dieu devraient l'être; pour les femmes livrées à une tutelle avilissante; pour les enfants élevés par l'impiété et l'égoïsme; pour les vieillards exposés chaque jour aux dédains malheureusement mérités de la jeunesse. Tu es encore trop bonne catholique pour ne pas sentir tout le malaise que fait éprouver à un être ami de l'ordre le spectacle que nous avons sous les yeux : la société actuelle doit te répugner plus qu'à moi, sans doute, parce que tu n'y vois pas, du moins je le pense, les germes que Dieu y a déposés pour son amélioration prochaine. Mais, ma chère amie, tu ne désespères pas d'elle, n'est-ce pas? Tu ne crois pas que Dieu l'ait abandonnée, que sa bonté ait pu la condamner à périr dans l'impénitence? Eh bien! sois plus chrétienne encore, compte davantage sur cette bonté infinie; vois dans le désordre qui nous blesse tous deux un moyen dont Dieu se sert pour nous faire *désirer* et *mériter* un ordre plus parfait encore que celui qu'il a permis jusqu'à présent de réaliser et même de concevoir. Oui, c'est ainsi que Dieu aurait sans cesse notre amour pour lui, chaque jour l'épreuve plus difficile à supporter reçoit une plus grande récompense. Ne sais-tu pas, plus tu te rapproches de Dieu, que les pas qui te restent à faire sont plus difficiles, et, chaque fois que tu en fais un, ton bonheur ne s'augmente-t-il pas en raison même de la difficulté? L'humanité sent, comme toi, faible par elle-même, forte par le tout dont elle fait partie; plus elle se confond avec ce tout, plus elle se lie à lui (et la religion, n'est-ce pas le lien de l'homme et de l'univers?) et plus sa mission lui paraît grande et difficile à remplir, mais aussi plus la récompense lui semble douce et sublime.

Souviens-toi de ce que dit Lamennais en parlant de cette inquiétude, de ce dégoût d'être, qui semble solliciter les peuples à se détruire eux-mêmes. « *On dirait,* s'écrie-t-il, *que le monde est pressé de finir; témoins de ce mouvement terrible, l'athée s'applaudit, le politique s'effraye, et le chrétien espère.*

Dis-moi donc ce que tu espères de la bonté de Dieu dans cette époque d'*abomination* et de *désolation ;* si tu me réponds que tu t'en rapportes à lui pour cela, et que tu te reposes sur sa prévoyance et sur sa bonté infinies, que tu croirais douter de sa puissance en cherchant à prévoir toi-même ce qu'il fera, je te dirai que c'est là la doctrine du fatalisme turc, doctrine qui est au reste à l'usage de plus d'un prêtre catholique, de ceux par exemple qui s'opposent à la vaccine, et qui laissent à Dieu le soin d'envoyer la petite vérole quand il nous a donné les moyens de la prévenir ; c'est aussi la doctrine du curé de Die, qui conseille de ne pas se faire assurer ; je ne serais pas étonné qu'il engageât à ne pas mettre de paratonnerre, parce que, évidemment, c'est repousser le feu du ciel, et que Dieu n'aime pas qu'on se batte avec lui. Dieu n'a pas donné à l'homme la prévoyance pour rien ; c'est par ce don précieux que l'homme se dirige, et prévoir c'est connaître à l'avance la volonté de Dieu.

Que si tu te rejettes sur l'Église, si tu lui demandes ses prévisions, je ferai bien de te blâmer; mais fais attention que tu trouveras là les esprits partagés. En général, les dévots d'aujourd'hui sont comme nos poètes, ils n'ont que du noir dans l'âme : ils ne voient que la fin du monde, mais quelle fin? la corruption, le désordre, le chaos réalisé. Oh! non, la fin du monde n'est pas prochaine, l'humanité n'est pas préparée à la mort, elle n'est pas digne encore de passer dans le sein de Dieu, de se confondre avec lui. Nous aussi, ma chère amie, nous croyons à la fin du monde, à la cessation de ces phénomènes partiels que nous appelons la terre et l'homme, dont l'existence finie atteindra un jour sa limite, tandis que la durée du grand phénomène est *infinie*. Mais la fin du monde, c'est le moment de gloire suprême de l'humanité, c'est celui où elle aura accompli le développement de ses nobles facultés, la culture la plus parfaite et d'elle-même et du globe, que Dieu a soumis à sa puissance; c'est le moment où elle recevra pour récompense de ses efforts de nouvelles et plus hautes destinées, dont il nous est impossible même de prévoir la grandeur, car elles dépassent tout ce que la faiblesse humaine peut concevoir. Dis-moi, sommes-nous prêts?

Adieu, ma chère amie, voilà encore une bien longue lettre ; je voudrais que tu m'en envoyasses de pareilles. Tu ne te plaindras pas cette fois, je l'espère, du peu de détails que je donne sur ma santé, je t'ai rassurée en commençant; mais songe que ma vie, c'est la doctrine; que les causes de ma bonne ou mauvaise santé maintenant, ce sont les progrès qu'elle fait dans l'esprit des personnes que j'aime ; ainsi, modifie tes conseils d'hygiène : au lieu de t'adresser à mon cœur en passant par mon estomac, vas-y directement, la route est plus sûre ; parlons ensemble de Dieu, nous pouvons être tranquilles sur nos corps et espérer pour notre âme tant que nous prononcerons ce nom.

Mon père est rétabli et jardine comme à son ordinaire, ma mère est bien affaiblie par sa maladie, et je crains qu'elle ne conserve une maladie du cœur qui exigera des ménagements continuels ; cependant nous attendons le printemps avec impatience.

Aglaé doit t'écrire ces jours-ci, j'espère qu'elle te paraîtra toujours *enthousiaste*, mais que tu finiras par t'y accoutumer en voyant que moi qui passais pour être si calme, si froid, je suis devenu aussi un peu fou, et que cependant je vaux mieux, bien certainement, que lorsque j'avais ce qu'on appelle vulgairement le calme et la solidité d'un homme qui sait être maître de ses passions, ou qui n'en a que celles qu'on s'efforce de cacher. J'ai fait assez de diplomatie dans ma vie, j'en suis las, je lève le masque, c'est plus commode, et je crois qu'on m'aimera mieux comme cela ; ce qu'il y a de certain, c'est que, pour mon compte, j'aime mieux. Adieu, mes bonnes amies, je vous embrasse comme j'aime maintenant, c'est-à-dire bien tendrement.

P. ENFANTIN.

XXXVIe LETTRE

A PICHARD

Paris, 9 avril 1829.

Pardon, mon cher Pichard, si je vous ai fait attendre aussi longtemps la réponse que vous me demandiez ; j'ai été très-occuppé quoique le *Producteur* ne paraisse pas encore.—Venons de suite au fait : 2,400 francs net, voilà les appointements d'un ingénieur ordinaire, non compris ce qu'on donne pour frais de bureau et qui est entièrement dépensé. On a quelquefois des travaux particuliers à suivre ; mais cela est hors de la ligne ordinaire. Les pays où l'on vit le plus économiquement sont en général les départements du Midi, de la Bretagne. Dans ce dernier endroit, on trouverait très-facilement à être employé au canal de Nantes à Brest ; parce qu'en général personne ne demande à aller dans ce pays sauvage ; là on vit réellement pour rien, à ce qu'il paraît. Dans le Midi, depuis Montpellier jusqu'aux Pyrénées, si l'on n'est pas dans l'une des quatre ou cinq grandes villes qui s'y trouvent, on peut encore vivre très-économiquement. Je peux mettre facilement mon intérêt particulier de côté dans cette question, puisque pour moi j'aime autant que vous soyez à Lausanne qu'à Collioure ou Quimper-Corentin. Mais pour vous, mon cher ami, je crois que la France ne vaut mieux qu'à une condition : c'est que vous ne vous enterriez pas au bout du monde. Vous savez que, de tous côtés, des attaques pleuvent contre le corps des ponts et chaussées. Il est menacé ou d'une dissolution complète, ou d'une nullité presque aussi complète, ou d'une réorganisation presque générale. On est trop étranger, en général, aux idées qui devraient présider à ce dernier moyen; les deux premiers sont les plus probables. Ainsi, où les ingénieurs deviendront ce qu'ils sont en Angleterre, des entrepreneurs isolés, sans lien, sans vue d'ensemble, ou on leur conservera une simple inspection sur des entreprises livrées à l'intérêt individuel de Compagnies concessionnaires de travaux et qui auront leurs propres ingénieurs à leur solde. Dans une telle position, il faut être placé de de manière à profiter du mouvement, quel qu'il soit, et non à en éprouver les secousses et les frottements ; il ne faut pas être, en un mot, trop éloigné du centre de gravité, sans cela, on est exposé à être disloqué au moindre choc. Dans tous les cas, si vous voulez rentrer, ne faites pas votre demande à distance ; faites un petit voyage de deux mois ; venez voir par vous-même l'état où se trouve notre corps; cherchez à rallier les connaissances ou protection que vous pouvez avoir, et ne vous décidez qu'après cela.

L'enfantement du *Producteur* est laborieux ; nous avons tous été depuis un an, à divers travaux, chacun de notre côté. La propagation orale nous prend, d'ailleurs, un temps infini ; et elle marche avec assez de succès. J'ai aussi plusieurs correspondances qui m'absorbent (toujours pour la doctrine). Enfin, le noyau de rédacteurs que nous nous occupons de former, et les progrès que nous avons nous-mêmes toujours à faire dans le développement des idées, nous ont empêché de mettre la presse en jeu. Cela viendra bientôt j'espère, nous sommes sûrs d'un nombre suffisant d'abonnés; aucun obstacle matériel ne peut aujourd'hui nous arrêter.

Plusieurs élèves de l'Ecole ont organisé une société polytechnique industrielle, dont je vous enverrai, au premier jour, les statuts. Je joindrai les questions ébauchées dans le premier trimestre de la fondation. Cette affaire a quelques chances d'utilité. Il est bon que vous connaissiez ce qu'elle est aujourd'hui, quoique ce ne soit encore que fort peu de chose.

Adieu, mon cher ami, mille amitiés; je suis très-sensible aux amitiés que vous me transmettez de la part de votre famille. Présentez, je vous prie, mes hommages à Madame, et donnez une embrassade pour moi à la petite marmaille, ainsi qu'une poignée de main à votre ami M. Gindroz. — Adieu! tout à vous.

P. Enfantin.

XXXVIIe LETTRE

A THÉRÈSE

Avril 1829.

Je ne veux pas laisser partir Saint-Cyr sans t'écrire, ma chère Thérèse; vous allez sans doute parler quelquefois de moi dans vos soirées, et je crois prévoir et je crois deviner ce qui sera dit de part et d'autre; je veux donc faire aujourd'hui comme si j'étais présent au milieu de vous, et prendre part aux discussions qui s'élèveront sans doute au sujet de votre meilleur ami.

Je t'ai dit, dans ma dernière lettre, que j'avais fait assez de diplomatie toute ma vie, que j'en étais las et que je croyais meilleur en toutes choses de lever le masque; rien n'est plus vrai, surtout en ce qui vous concerne, car je sens ce qu'il y a de pénible dans la réserve, je dirai presque dans la dissimulation (si c'est feindre que de se taire), à laquelle on est condamné lorsqu'on ne marche pas franchement à visage découvert ; on craint de blesser et on tue l'amitié ; on ne veut pas irriter un ami, on le glace ; on redoute qu'il ne nous prenne pour un ennemi, et il nous croit indifférent ; cette position n'est pas longtemps tenable pour un cœur comme le mien, elle doit être aussi pénible pour celui de Saint-Cyr ; car, si j'ai bon cœur, c'est à lui et à vous que je le dois : à l'âge que j'avais lorsque nous étions tous ensemble à Curson, d'autres amis auraient certainement fait de moi un autre homme. Oui, ma chère Thérèse, si j'aime ce que je crois bon, généreux, grand, sublime, si je vais chercher le bonheur aux sources saint-simoniennes, c'est que vous m'avez appris, Eugénie et toi, combien il est doux d'inspirer une tendre amitié, et Saint-Cyr combien il est grand d'être toujours prêt à se dévouer pour ce qu'on aime. Aujourd'hui c'est à l'humanité tout entière que je demande son amour, c'est à elle qu'il me paraît beau de tout sacrifier.

Ai-je trop profité de vos leçons? suis-je allé trop loin dans la route que vous m'avez tracée? Devais-je m'arrêter au foyer de la famille? Lorsque de grandes souffrances me paraissent accabler ma patrie (et pour moi la patrie c'est l'univers), dois-je rester calme? Lorsque l'ennemi de l'homme est à nos portes (et l'ennemi de l'homme, c'est l'égoïsme) ne dois-je pas courir aux armes? Un nouvel hymne *à la liberté* ne m'a pas plus trouvé insensible que Saint-Cyr l'a été en écoutant autrefois celui de Rouget de l'Isle, que les premiers chrétiens surtout ne l'ont été lorsque les premiers apôtres célébrèrent la fraternité évangélique. Oui, ma chère amie, c'est la liberté que nous réclamons, la liberté du génie encore en esclavage ; ici le privilége de la naissance le condamne à l'immobilité, à l'impuissance ou à une chute d'autant plus grande qu'il pouvait s'élever davantage ; s'il est né pauvre, c'est pour l'ignorance fortunée, c'est pour le vice gorgé d'or qu'il use ses forces ; s'il est né riche, l'oisiveté s'empare de lui pour le démoraliser. Là d'autres préjugés viennent l'assaillir ; si, dans son vol hardi, il s'élève vers le ciel, de soi-disant savants le rappellent au monde sensible, c'est la matière sur laquelle ils rampent comme si l'homme ne sentait que ce qu'il peut toucher. Enfin de toutes parts le génie rencontre des obstacles matériels ou moraux qui l'arrêtent : Saint-Simon est mort misérable et ridiculisé.

Mais ai-je besoin devant vous, mes amis, de justifier la pureté de mes intentions; Saint-Cyr n'en doute pas plus que toi; vous savez tous que si je m'abandonne avec ardeur à mes travaux, c'est que j'y crois voir la plus noble tâche qu'une âme généreuse doive s'imposer; vous savez que ce n'est pas la fortune que j'y cherche, que ce n'est pas même la gloire que je leur demande, du moins celle qui pourrait rejaillir pendant ma vie; si vous m'accusez de m'abandonner à des illusions, à ce qu'on appelle un système, au moins n'est-ce pas un sentiment d'indigne égoïsme qui me dirige, vous n'en doutez pas. Enfin, si Saint-Cyr pouvait croire que nos principes appliqués à la société feraient son malheur, il ne pense pas que ce soit là notre but, il croit toujours à mon amour sincère pour l'humanité.

Eh bien, il ne me suffit pas de conserver l'*estime* des personnes dont j'ai eu et dont j'ai encore, je l'espère, l'*amitié;* je souffre, et elles souffrent comme moi, d'une différence, sinon dans le but, du moins dans les moyens que nous avons en vue, et cette différence paraît tellement grande que je comprends bien l'influence qu'elle peut exercer sur les sentiments les plus solidement établis. Il est difficile que Saint-Cyr ne me mette pas au rang des *ultras,* des *jésuites,* des partisans du *despotisme,* moi qui crois cependant travailler plus efficacement que le libéralisme à l'entière destruction de ce qui nous reste de la *féodalité d'ignorance* et d'arbitraire.

Actuellement surtout les idées saint-simoniennes vont lui paraître plus rétrogrades que jamais, lorsqu'il verra qu'elles se rattachent à un système religieux dont nous menaçons l'avenir. Pénétré des maux dont l'humanité avait encore à souffrir dans le moyen âge, Saint-Cyr a oublié que c'est au système religieux de cette époque, et aux croyances qu'il développait, que sont dus tous les efforts qui ont été faits, d'abord pour détruire l'esclavage, et plus tard pour discuter et faire peu à peu disparaître les priviléges de la naissance. Dans ces siècles si complaisamment appelés barbares, des croyances (grossières si l'on veut) ont animé la société entière, et ces croyances n'étaient-elles pas, sous leur enveloppe tant soit peu païenne, le mobile de tous les actes généreux qui ont détruit les distinctions sociales basées sur la force et sur la naissance? Le libéralisme se fait aujourd'hui une arme contre le clergé de cette phrase célèbre : « Rendez à César »; et cependant c'est depuis le moment où le clergé a obéi à *là lettre* à ce conseil, tout à fait temporaire, de Jésus, qu'il est devenu réellement impie, c'est-à-dire qu'il n'a plus agi contre César pour conquérir la liberté humaine, l'affranchissement réel et définitif du génie.

L'Église en devenant anglicane ou gallicane s'est mise au service d'un pouvoir que seule elle aurait pu modifier sans le détruire; au lieu de constituer par son influence un ordre réclamé par l'avenir, et conséquence inévitable de l'esprit du christianisme, elle a voulu maintenir un ancien ordre condamné par l'Évangile; elle a donc laissé à d'autres qu'elle la tâche qui lui avait été confiée par son fondateur. Ses successeurs ont-ils bien rempli cette tâche? Les hommes qui ont attaqué le pouvoir ont-ils fait tout ce que l'Église avait dû faire? C'est une question à laquelle il est facile de répondre.

Sans aucun doute la partie critique de cette œuvre a été faite très-habilement, puisqu'elle a été couronnée par 1789; mais comme elle était entreprise dans le but de *tuer* l'ancien pouvoir, la critique ne renfermait aucun élément de régénération; au contraire elle les attaquait tous; aussi l'*obéissance,* dans une société bien constituée où les chefs seraient les plus dignes, l'*obéissance serait le plus sacré des devoirs,* et, dans la langue de la liberté, c'est l'*insurrection* qui porte ce beau nom ! De même aussi, dans une véritable association, c'est sur le dévouement à l'*intérêt général* que devraient être basés les désirs et l'ambition de chacun ; dans le catéchisme libéral, au contraire, ce sont les *intérêts particuliers,* c'est l'individualisme qu'on appelle à régler les besoins généraux de la société ; on veut des représentants de départements, de villes, de la famille pour ainsi dire ; on parle d'intérêts de *localités,* mais on crie contre la *centralisation,* on traite de fous ses partisans quels qu'ils soient, comme dans les sciences on appelle rêveurs les hommes qui généralisent, comme on leur demande des *faits* non des *systèmes*, quoique des systèmes ne soient pas autre chose que des faits *généralisés* ou *centralisés,* et quoiqu'il n'y ait pas un seul grand homme qui ne doive ce nom à un SYSTÈME.

Saint-Cyr nous reproche sans doute d'être injustes à l'égard des hommes qui ont opéré cette grande destruction que nous croyons être arrivée à son terme : il se trompe ; je suis plus juste envers les ennemis vaincus du libéralisme, voilà tout. J'ai reconnu, ainsi que je te l'ai déjà dit, que des chrétiens comme Leibnitz, Pascal, Newton et surtout comme saint Paul et saint

Augustin, étaient les plus grands hommes du passé, ceux qui connaissaient le mieux l'espèce humaine et la nature entière. J'ajoute même que ma justice a été telle que j'ai voulu lire attentivement de Maistre et Lamennais ; qu'il m'a été impossible de ne pas trouver en eux autant de science, autant de puissance logique, autant d'amour pour l'ordre social que l'on peut en rencontrer dans les hommes appelés forts de nos jours. Je dis plus encore : connaissant à peu près tous les économistes et presque tous les publicistes célèbres du dernier siècle et de celui-ci, je me suis convaincu qu'ils se plaçaient en général moins haut que les hommes que je viens de nommer, c'est-à-dire qu'absorbés davantage par les besoins présents de la société et par l'intérêt de leur fortune, s'inquiétant peu des traditions de l'humanité, ils s'embarrassaient encore moins de son long avenir.

Je rends grâce aux hommes qui nous ont délivrés pour toujours des craintes que les espérances rétrogrades du passé pourraient faire concevoir. Je sens toutefois que je m'exprime mal, en disant qu'ils nous en ont délivrés *pour toujours*, et ces mots vont me servir à expliquer toute ma pensée.

Le libéralisme ou autrement dit le protestantisme *politique* et *religieux* a détruit la *féodalité* et le *catholicisme;* mais ce n'est pas lui qui rend leur retour impossible; il suffit d'en donner pour preuve les craintes qui l'agitent, quand il voit les priviléges nobiliaires et surtout le parti prêtre élever tant soit peu la tête. Il n'est pas certain de sa victoire, et il a raison; elle est loin d'être complète ; il ne les a pas tués à jamais, parce qu'il aurait fallu pour cela les remplacer par des moyens d'ordre nouveau, capables de faire cesser l'anarchie des *esprits,* la lutte à mort des *intérêts* matériels. Il fallait en d'autres termes substituer à l'ordre temporel *militaire* un ordre temporel *pacifique,* et transformer le Dieu des ARMÉES, pactisant avec la *force* et la *naissance,* en Dieu du TRAVAIL, *sanctifiant* UNIQUEMENT *l'intelligence.* Alors, mais seulement alors, le passé sera tout à fait mort, le vieil homme aura complétement disparu. Jusqu'à ce moment la société éprouve un besoin si vif de direction pour ses sentiments et pour ses actes, qu'elle finirait par retourner à l'Église ou dans l'antichambre des rois militaires (comme Napoléon) plutôt encore que de se gouverner elle-même comme l'entend le libéralisme; celui-ci aurait beau faire, le sermon à l'Église finirait par intéresser autant et plus que la lecture du *Constitutionnel* le matin en prenant son café, et une faction de chambellan ou de solliciteur paraîtrait plus douce que celle de garde national : le patronage de la fortune remplacerait celui de la noblesse, et il est plus dur ; un nouvel esclavage du prolétaire se constituerait, car, dans une société où le talent n'est pas une condition suffisante de supériorité, le PAUVRE est toujours esclave et exploité comme tel par le RICHE.

Je viens d'émettre une idée qui doit exciter des antipathies assez vives ; j'ai avancé que la société éprouverait toujours le besoin de direction supérieure pour ses sentiments et pour ses actes ; j'aurais pu dire en d'autres termes qu'elle avait constamment un besoin *de foi*, sans lequel il n'y a pas même société. Ce mot de *foi* est un de ceux de la langue saint-simonienne qui doivent être le plus mal accueillis, et cependant sa nécessité, son indispensabilité sautent aux yeux à chaque instant. Je parlais hier devant un homme instruit, l'un de mes anciens camarades de l'École polytechnique, du dernier ouvrage de Lamennais. Un mot d'éloge mit en mouvement la bile du camarade. Ah çà, vous plaisantez, dit-il, Lamennais est un fou, c'est un homme qui fait un vilain métier du peu de facilité qu'il a d'écrire, et dont le but et les intentions sont infâmes. — Avez-vous lu Lamennais, lui dis-je? — Non, sans doute, mais n'accole-t-on pas toujours son nom à celui de de Maistre? Et de Maistre !!!... — Avez-vous lu de Maistre? — Dieu m'en garde ! Ainsi, sur la foi de quelques rédacteurs de journaux à 100 francs la feuille, un homme instruit, bien libéral, juge les grands écrivains, condamne leurs intentions, et il ne s'informe pas même si Lamennais a parcouru, au moyen de sa plume intéressée, une carrière brillante dans le clergé, s'il est simple prêtre ou archevêque, si l'Église n'est pas presque autant son ennemie que le *Constitutionel*, il dit son *Credo* libéral, en invoquant le *Courrier français*, et prononce sans appel à lui-même. Moi qui me rappelle combien, sur la foi de Voltaire, Dupuis, Volney, Dulaure et Cie, j'ai dit de bêtises sur la religion, sans avoir lu d'autre livre de religion que le catéchisme (appris par cœur à douze ans pour faire ma communion après déjeuner), je ne saurais trouver à redire à la réponse de mon ami; cette *foi* robuste n'est pas d'ailleurs ce que je condamne; je veux constater simplement qu'elle est inhérente à l'homme ; que c'est elle surtout qui le rend être sociable perfectible, que sans elle chaque individu ne pourrait profiter des lumières acquises par d'autres que lui, et que par conséquent l'humanité serait éternellement stationnaire, s'il lui fallait *vérifier* les titres de son héritage scientifique et ses croyances traditionnelles. Mais c'est précisément parce que l'homme jouit de cette faculté, qu'il est nécessaire de confier sa direction aux hommes les plus capables de la diriger. Or, c'est là tout le problème d'organisation politique ou de constitution de pouvoir.

Hélas ! comment espérer que les hommes supérieurs arriveront jamais à la direction de la foi humaine? Et si pareille utopie devait se réaliser, y aurait-il d'autre moyen que l'élection populaire *libre de toute influence ?* Telles sont les objections qu'on nous a souvent adressées ; j'y réponds.

D'abord, s'il n'y avait pas d'autre moyen que celui énoncé tout à l'heure, toute société serait impossible ; car il est évident qu'une élection est toujours faite *sous l'influence* d'un principe, à moins qu'elle ne soit confiée au sort (ce qui est encore au reste un principe), et que l'électeur, quoi qu'on en dise, obéit toujours à ce qu'on appelle ou des préjugés ou la raison, ce qui représente, dans les deux cas, une doctrine, une croyance ; et son choix tombe nécessairement sur les hommes qu'il *croit* être les plus fermes, les plus habiles défenseurs de ses opinions. Mais d'ailleurs n'est-ce pas se faire une illusion par trop forte que de se refuser à voir une direction, ou plutôt des directeurs, pour les choix que font des hommes réunis? N'est-ce pas une véritable plaisanterie que de nier par exemple aujourd'hui l'existence d'un comité *directeur* électoral? Que ce comité soit positivement institué, qu'il ait un président, un secrétaire, et cela ne fait rien ou presque rien à l'affaire, toujours est-il que les choix sont déterminés, d'abord par quelques hommes intelligents, et ensuite par des journalistes faisant fonctions de secrétaires du comité. Le parti libéral a reconnu lui-même (il faut avouer qu'il ne fait pas profession de se conduire d'après ses principes, et ceci en est la preuve) qu'il n'y avait pas d'autre moyen pour avoir de bons choix que de marcher en colonnes serrées, et que pour cela il fallait des officiers, des guides et même des tambours et trompettes.

Je crois avoir prouvé que l'élection populaire, *libre de toute influence*, est une chimère bonne pour amuser les mystiques du libéralisme; mais je vais plus loin et j'admets que par ce mode de constitution du pouvoir, présentant le moins de chances d'erreurs possible, on ait créé un corps composé des hommes *les plus capables* de représenter les opinions, de veiller aux intérêts des électeurs. Il résulte évidemment de cette phrase même que si ces supériorités sont réelles, elles sont en même temps les *plus capables* de se *recruter;* et en effet elles sont chargées de pourvoir aux besoins généraux des électeurs ; or, le premier besoin du peuple est d'avoir de bons représentants, aucun libéral ne saurait contester ceci ; eh bien, il n'est pas plus difficile de savoir quel est l'homme le plus digne d'être représentant du peuple électeur que de discerner si tel ou tel ministre mérite qu'on vote pour ou contre lui. Ainsi le principe d'élection populaire, admis comme une nécessité pour une première élection porterait lui-même la condamnation de toute élection successive. Le recrutement le plus sage, après cette première élection, serait celui que l'on confierait aux élus eux-mêmes, puisque déjà reconnus comme supérieurs en lumière à la masse électorale, ils seraient les plus aptes à faire de bons choix, à moins qu'on ne prétende que les meilleurs choix sont ceux qui sont faits par les hommes les moins éclairés, ce qui serait encore un peu plus fort que de s'en rapporter au hasard.

La réélection quinquennale, septennale ou toute autre, ne sont donc raisonnables qu'en admettant que la première élection soit nécessairement mal faite. Chaque élection nouvelle serait alors le correctif de la précédente, et c'est là surtout que se trouve l'absurdité, puisqu'on pense guérir un malade en agissant sur lui avec la cause même de son mal.

Eh bien, comment donc faire, dira-t-on? qui instruira ce premier corps d'élus? On a déjà remarqué, avec raison, que le CHEF de toute dynastie nouvelle était un *usurpateur* qui s'emparait du pouvoir et ne le recevait de personne. Rien n'est plus vrai; mais ce n'est pas à dire pour cela que l'usurpateur soit privé du soutien de l'opinion générale; je dis seulement qu'il n'est nommé par personne, et la raison en est simple, c'est qu'en sa qualité d'homme *le plus fort,* il s'aperçoit le *premier* que le pouvoir lui appartient, qu'ils sont faits l'un pour l'autre.

Si Napoléon avait attendu une élection pour se faire souverain, un autre se serait emparé à sa place de la dictature, car il en fallait une alors, et son hésitation seule aurait prouvé qu'il n'était pas digne de *commander* à son siècle, de le faire marcher à sa suite.

Je sais bien qu'on dit quelquefois, sous diverses formes, que ce sont les grands hommes qui viennent à la suite d'un siècle, qui sont engendrés par lui ; mais ceci est un véritable jeu de mots : un homme est l'homme de son siècle, précisément parce qu'il est à la tête des grands hommes de ce siècle, il est l'enfant du siècle, si l'on veut, à la condition que l'enfant soit le majeur, et le père le mineur ; il est le résumé, le principe, la loi vivante, la parole de tout ce qui l'entoure. Est-ce une raison parce que le chef d'un atelier ne pourrait rien faire s'il n'avait pas d'ouvriers, pour en conclure l'absurdité du sentiment qui nous porte à chercher dans le cœur de celui qui dirige *l'affection* PATERNELLE pour ceux qui sont dirigés, et dans ceux-ci la *reconnaissance* FILIALE pour leur chef. Ces deux vertus peuvent seules entretenir l'harmonie et donner à tous le bonheur.

Ce dernier exemple est fécond en conséquences : le vœu que je viens de former sur les vertus du maître et de l'ouvrier, du gouvernant et du gouverné, est loin d'être réalisé aujourd'hui. Les principes du despotisme d'une part, de l'autre, l'esprit critique, font de chaque atelier, de chaque branche d'industrie, une espèce de gouvernement parlementaire, c'est-à-dire une lutte continuelle dans laquelle le battu, c'est-à-dire le pauvre, paye habituellement l'amende. On ne saurait s'en étonner; chaque partie de la société, depuis la famille jusqu'aux nations entre elles, réfléchit fidèlement la doctrine dissolvante de l'opposition du pouvoir avec les administrés. L'autorité paraît lourde à tous et en effet elle est lourdement exercée. Le maître exploite l'ouvrier, le père voit dans sa fille jolie, dans son fils intelligent, des moyens d'augmenter son aisance; une association commerciale est-elle puissante ; tous ses efforts sont dirigés vers la ruine de ses rivales. Enfin si, parmi les nations européennes, l'une d'elles s'élève la première à une haute puissance industrielle, s'en sert-elle pour faire faire des progrès à celles qui l'entourent et s'assurer ainsi de nouveaux éléments de bien-être, c'est-à-dire ce qu'on appelle en économie politique des débouchés? Non, elle tue l'industrie de ses voisines, elle les maintient dans l'ignorance.

En faisant ainsi la part de ce que j'ai appelé le despotisme, qui n'est pas autre chose que l'égoïsme des supériorités sociales, j'ai excusé en partie l'hostilité des classes inférieures ; mon intention n'est cependant pas de prétendre qu'elles ne soient pas animées du même sentiment. L'égalité est un dogme particulièrement à l'usage des individus placés aux degrés inférieurs de l'échelle sociale, dogme qui se traduit de la manière la plus nette et doit être exprimé ainsi : Ote-toi de là que je m'y mette ; car personne n'est assez aveugle pour prétendre qu'il ne faille pas de chefs dans la famille, dans l'atelier, dans la cité et pour la patrie. L'influence de ce dogme, observée dans la pratique, c'est-à-dire dans les faits qui se passent sous nos yeux, est assez évidente. L'autorité paternelle n'est rien ; à force de vouloir être égaux, le mari et la femme ne peuvent pas s'entendre ; l'obéissance du domestique n'est jamais déterminée par l'affection ; l'ouvrier est en guerre ouverte avec ses maîtres, le citoyen avec ses administrateurs, le peuple avec son gouvernement. Je sais bien que de tout cela il résulte une espèce de *police* réciproque assez active, au moyen de laquelle chacun cherche à prendre son voisin en défaut, on s'*espionne* les uns les autres, au lieu de s'aimer les uns les autres, comme le voulait Jésus.

Ce mot d'*espionnage* me fait penser à un exemple frappant que j'ai sous la main. Notre administration de la Caisse hypothécaire a un *directeur général;* six *administrateurs* sont nommés dans le but de SURVEILLER le directeur et de l'empêcher de se livrer à ses idées; ce n'est pas tout : un nombre égal de *censeurs* doivent encore SURVEILLER les administrateurs et le directeur général. Chaque pièce de dépense, chaque titre exige trois ou quatre signatures; on ne peut pas toucher à la moindre valeur, sans réunir trois personnes pour ouvrir une caisse à trois clefs; j'oubliais de parler d'un *commissaire du roi* qui appose son timbre partout. Eh bien, ceci n'est rien encore; l'assemblée générale des *actionnaires* composée de forts imposés (c'est-à-dire des gros propriétaires d'actions) broche sur le tout et vient EXAMINER la conduite de ses chefs. Son premier soin est de *nommer une commission* pour vérifier si son *directeur*, ses *administrateurs,* ses censeurs sont des fripons ou des imbéciles; mais ne croyez pas que cette commission prononce définitivement et en dernier ressort sur la manière dont les intérêts communs ont été gérés : elle fait son *rapport,* et c'est la sagesse souveraine de l'*assemblée* qui juge, c'est-à-dire ce sont les hommes qui ont par devers eux le moins d'éléments pour juger. J'ai parlé de la sagesse *souveraine* de l'assemblée; qu'ai-je osé dire? N'avons-nous pas aussi l'appel au peuple ? Une ligne à changer dans les statuts pourrait être utile à l'établissement ; croyez-vous que la longue filière à travers laquelle je viens de vous faire passer soit une garantie suffisante de l'intérêt qu'il pourrait y avoir à faire ce changement ? Vous vous trompez ; il faut convoquer le ban et l'arrière-ban, il faut avoir le consentement UNANIME DE TOUS LES ACTIONNAIRES.

Voilà justement l'image d'un gouvernement constitutionnel parfait; tous les pouvoirs sont pondérés à merveille, il résulte de cet équilibre, ce qui est la suite de tout équilibre, absence de *mouvement* ou du moins absence de progrès, et par conséquent dissolution et usure, causée par des frottements, perte prodigieuse de force vive, effet utile nul, consomption et la mort. Il serait curieux et facile de prouver que tous les établissements industriels qui se sont modelés sur ces formes constitutionnelles sont : 1° ceux qui coûtent le plus de frais d'administration, c'est-à-dire ceux dont le budget est le plus fort ; 2° ceux où il y a le plus de fainéants rétribués ; 3° ceux où des hommes capables sont le plus inutilement employés ; 4° ceux où il y a le moins de chances de voir les hommes vraiment supérieurs arriver à la direction, confiée d'ordinaire soit à M. le marquis tel ou tel, soit à tel capitaliste oisif qui ne se doute pas plus que M. le marquis de ce que c'est qu'une opération industrielle, mais qui possède beaucoup d'actions.

Ici, comme en politique, l'élection se faisant *par en bas*, il est tout simple que la capacité d'éligibilité soit uniquement une condition de fortune, car chacun sous ce rapport peut juger le plus *capable* : il ne faut pas beaucoup de savoir pour reconnaître qu'une personne ne peut administrer la Caisse hypothécaire, lorsqu'on sait que pour remplir cette fonction il faut posséder cent actions, il suffit pour cela de savoir compter jusqu'à cent. Si l'on disait en Assemblée générale réunie pour l'élection : « Messieurs, il ne s'agit pas ici de choisir (pour une fonction toute de confiance qui exige des connaissances spéciales et de la moralité) parmi une douzaine de gros bonnets qui peuvent être tous plus bêtes ou plus paresseux les uns que les autres ; c'est entre vous tous qu'il faut choisir un administrateur, c'est l'homme qui est le mieux au courant des affaires de la Caisse qu'il faut élire. Nous, en qualité de directeur ou d'administrateurs, nous avons eu des rapports avec vous tous, non des rapports de plaisir, de famille, mais rapports d'affaires; puisque vous nous avez nommés, c'est que vous nous avez jugés les plus capables de conduire à bien vos intérêts, c'est que vous avez pensé que nous avions les lumières spéciales et la moralité nécessaire pour cela ; eh bien, nous sommes convaincus que votre intérêt exige que monsieur un tel soit élu » Après ce discours, les actionnaires auraient deux partis à prendre : acquiescer au choix ou nommer une autre personne; mais ce qu'il y a de certain, c'est qu'en adoptant le dernier, il faudrait, pour être conséquent, mettre immédiatement à la porte et le directeur général et l'administration, car ils auraient prouvé, par leur conseil, leur incapacité ou leur perfidie.

L'application de ce qui précède est trop facile

à faire pour que je la développe ; mais elle soulève une objection qu'il m'importe de ne pas laisser de côté. Il n'est pas facile, dira-t-on, de mettre une administration à la porte. Sans doute cela présente des difficultés ; mais on en a vu des exemples et réellement ce n'est pas là le plus embarrassant. Ce qui est difficile c'est de remplacer une mauvaise administration par une meilleure qu'il ne faille pas changer le lendemain. L'Assemblée constituante, la Convention, le Directoire, le Consulat temporaire, ensuite à vie, l'Empire, la première Restauration, 1815, la deuxième Restauration, Decazes, Villèle, Martignac, bientôt peut-être Sébastiani ou Polignac prouvent qu'un changement n'est pas une chose prodigieuse ; la promptitude même avec laquelle ils se succèdent doit frapper les moins clairvoyants, elle annonce une indécision, un manque de fixité dans les idées qui permettent de comparer la société actuelle à un enfant capricieux et ignorant qui brûle aujourd'hui la poupée qui l'amusait hier, pour jouer avec une poupée semblable le lendemain. L'important n'est donc pas de savoir quelle poupée on lui donnera, c'est de changer les goûts de l'enfant et d'en faire un homme, c'est de lui donner la constance qui existe là seulement où se trouvent l'affection et la foi.

On dira sans doute encore : Eh quoi! vouloir changer les goûts, les mœurs, les opinions d'un peuple, de l'humanité tout entière! Est-il possible de rêver! Si les sociétés actuelles étaient parfaitement semblables à celles du passé, si tous les peuples avaient aujourd'hui atteint le même degré de civilisation, enfin s'il ne m'était pas possible de concevoir que les choses humaines puissent aller mieux qu'elle ne vont (même en Europe), la prétention de régénérer la société me paraîtrait ridicule, absurde. Veut-on dire que l'humanité ne se modifiera pas un jour, en dix ans, d'une manière *radicale,* c'est-à-dire au point de sentir battre son cœur de joie et d'amour aux noms qui excitent aujourd'hui sa colère et sa haine, pouvoir, autorité, foi, religion, Dieu, unité, dogme, culte, etc ? Qui pourrait vouloir entreprendre un pareil miracle? Mais remarquons que, malgré la haine libérale contre le clergé aujourd'hui, malgré le mépris sous lequel le paganisme était tombé à Rome sous l'empire, on ne saurait disconvenir que le sacerdoce, dans l'antiquité et dans le moyen âge, était entouré de vénération, d'obéissance et d'amour. La position d'un homme, fût-il roi, foudroyé par l'excommunication papale, aussi bien que la fable d'Œdipe poursuivi par les Euménides, sont des traditions qu'il est difficile de récuser comme preuves de l'influence toute-puissante à certaines époques des ministres de Dieu sur les sentiments des peuples. Il faut donc l'avouer, l'humanité a changé quelquefois de goûts, de mœurs, d'opinions; par conséquent il n'est pas si absurde d'entreprendre une pareille tâche. Elle a aimé ses chefs, elle les combat aujourd'hui ; les aimera-t-elle un jour? Toute la question est là. Elle s'est laissé diriger avec confiance par des hommes qu'elle croyait les plus capables de connaître ses besoins, et c'est par cette confiance même qu'elle a pu se rapprocher constamment d'un état vers lequel ces hommes supérieurs la dirigeaient. C'est ainsi qu'elle a commencé par abolir les sacrifices humains et par adoucir les horreurs de la guerre; qu'elle a plus tard, sous l'empire de la foi évangélique, détruit l'esclavage, préparé l'abolition de la peine de mort; c'est par ce moyen enfin qu'elle s'est, aussi rapidement que possible, acheminée vers ses pacifiques destinées.

Je le sais, on a prétendu maintes fois que les peuples n'avaient dû leurs progrès qu'aux époques où ils avaient lutté contre leurs chefs :

ce qui veut dire qu'on travaille mieux dans un atelier, quand on obéit à contre-cœur, et même quand on se révolte, que lorsque le chef et les ouvriers, animés d'un même esprit, mus par un intérêt commun, travaillent de concert et chacun à sa place pour atteindre un même but. Je sais aussi que ces comparaisons de la société à un atelier, à un navire, n'ont pas beaucoup d'empire sur quelques esprits : B. Constant les repoussait il y a quelques jours par des plaisanteries, ne les jugeant pas dignes d'une meilleure guerre ; et cependant lui-même abondait en comparaisons du même genre. Il disait, par exemple, en réfutant quelques idées de la doctrine sur l'autorité : « Il ne tombe d'en haut que la grêle, la pluie et le tonnerre. » Quelqu'un lui demanda : Et la lumière? Il l'avait oubliée. Mais laissons les comparaisons, et prenons tout bonnement l'humanité telle que l'histoire nous la donne. Qu'est devenue la Grèce, lorsque les croyances communes, *sanction de l'autorité*, se sont affaiblies? Qu'est devenue Rome antique, lorsque le sacerdoce, *à la solde des Empereurs,* a fait rire le peuple, lorsque la consécration donnée par la religion à tous les actes publics n'était plus qu'une cérémonie ridicule, dont s'amusaient les esprits forts du temps? La Grèce et Rome sont tombées. Maintenant comment la ville des Césars a-t-elle repris sa puissance? comment a-t-elle pu redevenir l'arbitre du monde? En prêchant aux faibles la confiance dans la bonté de Dieu, aux forts la crainte de sa justice. Mais cette justice, était-ce celle du paganisme? Non, tant que le juste, par excellence, le Christ n'avait pas encore paru, les plus hautes rêveries de Platon lui avaient à peine fait *deviner* l'Évangile. C'est par des vertus *toutes nouvelles* que le clergé chrétien s'empara de l'amour des peuples; il brisa les idoles qu'adoraient les Romains corrompus de l'empire; à la place des sales poésies de Catulle, de Tibulle et d'Horace, il fit chanter les louanges de la Vierge, l'innocence et la douceur de la femme : au lieu des flagorneries de Virgile pour ce Dieu des Romains nommé Auguste, il célébra la gloire d'un Dieu bien autrement rémunérateur de la vertu; aux satires empoisonnées de Martial, de Juvénal, il substitua l'hymne de joie et d'amour; et le matérialisme d'Epicure, le sombre doute de Zénon tombèrent devant la foi vive qui l'animait. Eh bien, nommerons-nous encore barbares ces hommes qui ont foulé aux pieds la barbarie; qui ont contraint par la *persuasion* le peuple romain à quitter le cirque pour le temple, la pompe théâtrale pour celle de l'église, à préférer le grand drame chrétien aux imitateurs de Sophocle et d'Euripide, et la morale de Jésus à celle de Sénèque ou de Lucrèce? Appellerons-nous barbares ceux qui ont remplacé le temple de Janus par un nouveau temple dont les portes devraient un jour (et ce jour nous l'avons atteint) être à jamais fermées pour la guerre? N'est-ce pas avec eux et par eux que l'humanité a définitivement renoncé à la distinction des castes, des races, à ces sentiments de haine et de vengeance, à cette passion du pillage qui donnaient tant de force à l'amour de la patrie? Le chrétien a vu encore des frères, là même où le citoyen voyait un ennemi. Seuls en Europe les Turcs nous donnent aujourd'hui l'idée de ce que devaient être des peuples pour lesquels tout ce qui n'était pas eux était barbare; et tel était le sentiment général de l'humanité tout entière.

Voilà quels sont les véritables progrès de l'humanité; mon cœur se refuse à les voir dans la poésie des siècles d'Auguste et de ses successeurs, autant que dans les vers orduriers de Voltaire; je ne les compte pas par quelques palais de marbre élevés pour le plaisir de riches oisifs, mais je suis certain qu'ils existent là où je vois l'amour des peuples embellir le lieu où le peuple entier vient puiser des forces pour resserrer le lien social, où toutes les vertus sont excitées, tous les vices voués à la justice de Dieu et recommandés toutefois à sa clémence.

De quelle Église veux-tu parler, dira sans doute Émile? Est-ce que jamais on a prêché toutes les vertus et gourmandé tous les vices dans les églises catholiques? N'y a-t-on pas encouragé l'oisiveté par l'exemple, en forçant *à ne rien faire* pendant plus d'un tiers de l'année.

Ne rien faire! n'est-ce donc rien faire que d'aller à l'église? Toute réunion d'hommes ne peut être que bonne ou mauvaise, il n'y en a pas d'inutiles. Que si on y prêche le mal, il ne faut pas y aller; si on y prêche de bonnes choses, il faut y courir; est-ce trop de consacrer le tiers de sa vie à cultiver et son intelligence et son cœur?

Le despotisme de l'estomac est-il tel qu'il faille s'exterminer nuit et jour pour lui donner des indigestions? Eh bien, soit, dira-t-on; passe pour les fêtes et dimanches, puisque si l'enseignement était bon, ce ne serait pas trop, et qu'ainsi s'en faire une arme contre le clergé, c'est faire une pétition de principe. Mais l'histoire *sainte* dont on nous entretient dans l'église, n'est-ce pas un tissu de grossièreté, de vice, de brutalité? Que voulez-vous, répondrai-je, cette histoire sainte c'est l'histoire de l'humanité, elle n'est pas belle, mais elle est vraie; et, d'ailleurs, qui donc nous a appris à ne pas la trouver belle? N'est-ce pas le christianisme qui nous a donné horreur du sang, qui nous a fait honte d'une partie de l'héritage de nos pères? N'est-ce pas lui, et lui seul (car si nous étions Grecs ou Romains nous applaudirions) qui nous fait frémir en lisant ces exterminations continuelles faites par le peuple de Moïse, comme par les soldats d'Attila, de Tamerlan ou d'Alexandre? N'est-ce pas lui qui a détrôné Napoléon à qui les Grecs auraient fait une bien autre apothéose que celle de Vernet ou de Ségur, si Jésus n'avait pas parlé?

Mais tous ces saints dont on nous parle, ces saints dont on remplit, comme me le disait Saint-Cyr, la mémoire des Espagnols, on nous apprend leurs noms, on les invoque, on nous met sous leur protection, on nous présente nos patrons pour modèle; que nous enseignent-ils? Qu'ils ont fait des miracles, qu'ils ont guéri des borgnes et boiteux. — Oui, nous devons les prendre pour modèles, nous devons faire pour *notre temps* ce qu'ils ont fait pour le leur : nous devons guérir les borgnes et les boiteux de l'*esprit,* nous devons faire le plus grand de tous les miracles : régénérer une seconde fois les sentiments humains, comme la sainte milice l'a fait avec la bonne nouvelle que Jésus lui avait dite. Saint-Cyr s'étonnait de la mémoire des Espagnols, fidèle martyrologe du catholicisme ; n'y a-t-il pas cependant quelque chose de grand, de sublime dans cette manière dont un peuple témoigne sa reconnaissance ? On a fait aussi des calendriers libéraux à un député par jour, des calendriers militaires en trois cent soixante-cinq victoires ; qui de nous en a pu graver dix lignes dans sa mémoire, même avec la meilleure volonté ? Ou cette noble vertu, la reconnaissance, nous manque, et alors gémissons sur la société qui en est privée, et ne vantons pas trop le progrès ; ou nos nouveaux saints ne méritent pas d'être canonisés, ou bien encore ces deux causes agissent en même temps, ce qui, je crois, est plus vrai, car l'une est la conséquence de l'autre. Quand l'humanité aura sous les yeux des actes de grand dévouement, de dévouement consciencieux, elle retrouvera ce souffle divin; le génie qui se sera sacrifié pour elle lui communiquera en mourant le feu sacré qui s'est éteint.

Je cause beaucoup plus politique aujourd'hui que dans mes autres lettres, ma chère Thérèse; aussi celle-ci est-elle adressée à vous trois; mais je désire que Saint-Cyr lise les autres; qu'il me pardonne de temps à autre quelques phrases qui lui paraîtront, sans doute, injustes, exagérées; qu'il me les reproche même, il me fera plaisir, et il peut être certain que je sens moi-même combien il serait difficile que je me fusse tenu dans cette ligne d'impartialité que je voudrais garder. Le chrétien ne châtie pas avec aigreur; l'élève de Saint-Simon doit mettre encore plus d'onction dans ses paroles, les adressa-t-il au génie du mal en personne; car nous savons mieux que le chrétien quel don sublime Dieu a fait à l'homme en lui permettant de faillir.

Adieu, mes chères amies, écrivez-moi souvent et longuement; que Saint-Cyr revienne à Paris, je ne dis pas aimant nos idées, mais pouvant les discuter sans en être blessé, et surtout les connaissant assez pour savoir que nous sommes tout aussi ennemis des jésuites, des ultras, et en général de tout le passé qu'il peut l'être. J'espère alors qu'il n'aura plus à se plaindre ni de mon silence, ni de ce qu'il appelle ma froideur, je parle et j'aime plus que jamais. Je vous embrasse tous les trois de bien bon cœur.

P. ENFANTIN.

XXXVIIIe LETTRE

A THÉRÈSE

Paris, fin juin 1829.

Oui, mes chères amies, je compte assez sur votre amitié pour ne pas redouter les suites du long silence que j'ai gardé avec vous. J'ai été on ne peut pas plus occupé depuis deux mois, non-seulement par la doctrine, mais aussi par la Caisse, où nous avons éprouvé de grandes révolutions, dont Émile vous parlera; Émile vous dira que lui-même je l'ai à peine vu pendant ses deux séjours ici; la raison en est simple : ses soirées ont été presque toutes occupées, les miennes le sont ordinairement, mais pas des mêmes objets. Dans la journée il est venu aussi souvent qu'il l'a pu; mais nous n'avons jamais eu que des conversations à bâtons rompus qui toutes n'ont pas valu un seul jour passé avec moi, comme cela aurait eu lieu s'il était venu seul à Paris, et s'il avait logé chez moi. Je lui ai fait lire ce que j'ai pu pendant son séjour, je lui ai fait acheter quelques livres, et conseillé diverses lectures à Curson; je l'ai prié de m'écrire à mesure qu'il avancerait dans ces lectures; voilà à quoi nous avons employé tous les moments que nous avons passés ensemble; vous saurez encore par lui comment je me porte, et, sous ce rapport, il est encore mieux instruit que sur la doctrine, parce que mon ventre parle pour moi, et que son langage est plus facile à saisir que toutes nos idées saint-simoniennes.

Tu désirais, ma chère Thérèse, savoir ce que Saint-Cyr m'avait écrit et ce que je lui ai répondu, je suis encore obligé de renvoyer à une autre occasion la copie des deux lettres, elle n'est pas faite, mais tu l'auras ; Emile t'en dira l'esprit et t'expliquera comment nous sommes ; ma lettre nous a mis un peu plus à l'aise, mais nous n'y sommes pas autant que nous voudrions l'un et l'autre. Tout ce que Saint-Cyr peut m'accorder de plus honorable, c'est que je suis fou, car il sait que je ne suis ni méchant, ni menteur; Émile vous racontera ses conversations avec lui à mon sujet.

Père et mère s'étaient tous deux parfaitement rétablis; mais maman a fait une chute sur les pavés, elle s'est horriblement meurtri l'épaule, et on cherche en ce moment, à force de sangsues, à éloigner un dépôt qui la menaçait; il n'y a, je crois, rien d'inquiétant; cependant elle souffre beaucoup. Papa est tout à fait bien portant.

J'ai reçu des nouvelles d'Aglaé, de Lausanne; je doute qu'elle puisse accepter l'invitation que vous lui avez faite, quand bien même elle n'irait pas en Italie, parce que alors elle reviendrait avec M. Delalande. J'espère que ce voyage qui la distraira lui fera du bien.

J'ai beaucoup travaillé depuis trois mois; la doctrine avance aussi vite que nous le pouvons sans faire le *Producteur;* nous n'en aurions presque pas le temps, et d'ailleurs ce que nous faisons vaut probablement mieux qu'un journal en ce moment. Resseguier, de son côté, marche rapidement; le noyau qu'il forme autour de lui s'augmente chaque jour; Lyon va moins vite, mais la métropole s'affermit chaque jour davantage. Cependant les maladies nous entravent : Bazard est souffrant depuis un mois et sera alité pendant quinze jours au moins.

J'espère pouvoir te dire dans peu, ma chère Thérèse, que Rouen est décidément rentré dans la bergerie, il frappe à la porte et nous ne nous ferons pas prier longtemps pour ouvrir.

Tu me parles des *piétistes*, ma chère Thérèse, je les connais peu; cependant c'est, autant que je puis le croire, la partie de la population allemande qui est en progrès et qui nous donnera la main. En Écosse, il y a des *millénaires* avec qui nous sommes en relations assez suivies, et qui se rapprochent également beaucoup de nous de l'un et de l'autre côté; ce sont des hommes qui attendent un grand événement religieux, mais qui, faute de savoir à quelle révolution politique cette nouvelle volonté de Dieu doit se rattacher, barbotent dans un mysticisme protestant assez vague, mais qui a l'avantage de chercher l'*unité*, tandis que les protestants, en général, ne prêchent que la *diversité* ou la division, ou bien encore l'individualisme, ou enfin, pour s'exprimer franchement, l'égoïsme.

Quant à la France, elle marche sans s'en douter bien rapidement. Déjà personne n'ose afficher l'athéïsme, et nos députés se fâchent quand on leur dit qu'ils n'ont pas de croyance. Mais, ce qui est bien plus fort, presque tous les historiens un peu distingués ne parlent plus qu'avec respect du moyen âge, avec vénération du christianisme ; on ne permettrait réellement aujourd'hui qu'aux écrivains, dont les ouvrages ne s'élèvent pas au-dessus de la boutique du décrotteur, de répéter Voltaire et toute la clique du XVIIIe siècle ; ce serait non-seulement ignorance mais mauvais ton, et ce dernier caractère est beaucoup pour nous. Peu de gens savent où un pareil progrès nous mènera, quelles seront ses conséquences ; mais le progrès n'en existe pas moins, et il nous réjouit. Les hommes supérieurs en sont où nous en étions après avoir étudié Saint-Simon pendant quelques mois, ils nous dépasseront, j'espère, bientôt ; je dis j'espère, parce qu'il me tarde bien de voir des hommes qui sentent encore plus vivement que nous l'avenir de l'humanité, car, pour mon compte, je me sens mieux fait pour jouir de l'obéissance que du commandement ; j'aime encore mieux, je crois, aimer que d'être aimé, ou, du moins, j'ai besoin d'éprouver ces deux sentiments, et, si je me permets quelquefois l'orgueil, j'ai du plaisir à m'en laver par l'humilité.

Notre procès Abbéma n'est pas terminé, nous n'avons pas même encore fini l'arbitrage et ne serons sans doute pas jugés cette année ; mon oncle est malade à Semont, il crache le sang. Virginie est toujours près de lui. Adèle est, je crois, depuis peu de retour du Berry ; il y a un siècle que je n'ai vu Céline et sa fille. Holstein est revenu à Rouen où il était pour la Compagnie royale d'assurances ; il va faire bientôt un grand voyage pour elle ; il ne sait encore où son père est en pension chez un ancien ami. Nous restons tous deux dans notre petit ménage, mais je suis menacé d'être souvent veuf, ses bénéfices dépendent de la longueur de ses voyages, enfin cela lui assure du pain ; c'est beaucoup, car il n'en avait pas du tout. Je n'ai pas besoin de vous dire que le ménage est toujours parfait, et que ma femme vous fait mille amitiés, car Holstein vous aime bien toutes les deux.

Adieu, mes chères amies, je vous embrasse ou plutôt nous vous embrassons de tout cœur.

Amitiés à Bedoin, dites-lui que je n'ai réellement pas le temps de lui écrire.

P. ENFANTIN.

XXXIXe LETTRE

A RESSEGUIER

Paris, 29 juillet 1829.

Dans six semaines, je vous embrasserai enfin une bonne fois, mon cher Resseguier ; le voyage que Rodrigues devait faire, c'est moi qui en suis chargé ; je vais à Montpellier par Lyon et Grenoble, et de là je trouverai bien huit jours pour Sorèze. Si vous avez quelque chose à m'écrire, faites-le par retour du courrier, je serai encore à Paris ; sinon, écrivez à Eugène Rodrigues, votre second père spirituel, qui vous aime comme nous vous aimons tous.

Vous serez prévenu plus positivement de l'époque de mon arrivée chez vous ; je vous écrirai du Dauphiné, afin que vous puissiez aviser aux moyens de me faire voir Encely, Marquier et tous les amis, le plus souvent possible. D'ici là, causez ensemble des points qui vous embarrassent encore, arrêtez-vous aux questions qui ne vous semblent pas complétement résolues, et nous nous en donnerons largement pendant les huit jours que nous passerons ensemble. Quelle bombance de doctrine! Je voudrais bien pouvoir amener avec moi un bon disciple comme Barrault, par exemple; mais, dans les temps où nous sommes, c'est déjà beaucoup de pouvoir faire une mission solitaire. Nous allons, au reste, nous y mettre de plus en plus. Bazard fera bientôt une tournée en Bretagne, où il y a quelques amis qui travaillent. E. Rodrigues ira probablement dans l'Est pour une affaire qui l'y appellera, et Pereire ira en Belgique aussi, pour une affaire de mines. Tous ces voyages, vous devez le penser, seront utilisés pour la doctrine.

Pendant ce temps, il est vrai, le *Producteur* ne paraît pas, et nous ne faisons pas gémir la presse. Nous causerons plus en détail de ces retards continuels, mais je puis vous annoncer que, le 15 août, sera imprimé le premier numéro d'un journal dont Barrault vous a envoyé le prospectus; il sera rédigé sous la direction de Bazard et de Laurent particulièrement, et aura pour but principal de donner des résumés des séances de la rue Taranne. Ce journal aura un caractère mixte, favorable selon toute apparence à sa propagation, du moins dans les commencements. Il faut se faire un peu juif avec les juifs, païen avec les gentils de nos jours. Ces résumés se présenteront plutôt comme étant faits par des gens qui écoutaient aux portes que par nous-mêmes, et il préparera encore mieux les esprits à recevoir, à demander même, sinon le *Producteur*, du moins des ouvrages compactes de doctrine.

Vous verrez si vous voulez consacrer l'argent que vous m'avez envoyé pour le *Producteur* à des abonnements de l'*Organisateur*, ou même s'il vous conviendrait de transformer l'action que vous aviez prise au dictionnaire philosophique que devaient diriger Bazard et Laurent en action dans leur journal. Nous causerons de tout cela à mon passage chez vous. A l'avance, je crois que ce journal est appelé à un succès plus certain que ne l'aurait été celui du dictionnaire philosophique, d'abord parce que les personnes qui se seraient abonnées au *Producteur* prendront l'*Organisateur*, ensuite parce qu'il va à beaucoup d'autres individus; mais, dans tous les cas, c'est l'œuvre qui réclame aujourd'hui l'argent des amis de la doctrine, et c'est à ce caractère que nous devons le mieux juger ce qu'il nous est possible de faire.

E. Rodrigues va vous répondre bientôt ; vous ne vous faites pas une idée nette de votre position et de la nôtre; avant que Rodrigues vous réponde, je veux vous dire un mot là-dessus. Il faut sans doute que nous fassions atteindre aux hommes qui nous entourent le point où vous êtes aujourd'hui, où nous étions un an ou deux avant vous ; mais il faut aussi, même pour remplir le mieux possible le but que je viens d'indiquer, que nous marchions en avant nous-mêmes. Vous pensez (autant que je peux me le rappeler, car je n'ai pas votre lettre sous les yeux), que notre mission est limitée à l'exposition *scientifique* du développement de l'humanité, et qu'on aurait tort d'exiger que nous fussions nous-mêmes à l'état moral où se trouveront, suivant vous, dans quelques siècles seulement, les hommes qui auront été préparés par nos travaux ; en d'autres termes, vous pensez que nous devons faire ce que Platon et ses élèves ont fait, quitte à ce qu'un nouveau Jésus et un autre Paul arrivent plus tard. Il y a ici une complète erreur, précisément parce que nous avons conscience de ce que Platon et saint Paul ont fait, et que Saint-Simon portait en lui l'esprit philosophique et l'esprit religieux; c'est à l'image de Saint-Simon que nous devons chercher à élever nos propres individus, et non à l'image de la partie philosophique ou de la partie religieuse qu'il renfermait en lui. Ce n'est pas Saint-Simon savant, pas plus que Saint-Simon industriel, par exemple, qui doivent *seuls* parler par notre bouche ; c'est Saint-Simon sentimental *aussi*, sous peine de faire de mauvaise science et de mauvaise industrie ; nous devons mener les trois choses de front ; tant que nous ne les embrassons pas toutes trois, nous ne comprenons qu'imparfaitement celles que nous croyons posséder à fond. Quand bien même nous devrions nous borner à démontrer la loi du développement de l'espèce ; quand bien même nous renoncerions à *passionner* une partie de notre génération pour elle, il faudrait pour la bien démontrer que nous la *sentissions* nous-mêmes en toutes ses parties. En d'autres termes, le savant de l'avenir, s'il n'a pas, comme le prêtre, le don de la parole passionnée, n'en sera pas moins un homme *fort religieux*, si nous voulons, dès aujourd'hui, bien faire ce qui constituera un jour la mission du théologien. Nous avons donc besoin d'être ce qu'il sera lui-même un jour.

Mais, direz-vous, on n'est pas religieux quand on veut; on ne croit pas tout ce qu'on voudrait croire. Cela est vrai à moitié, quoique cela soit absolument la même chose que de dire : « On n'est pas vertueux quand on veut, on ne fait pas tout ce qu'on voudrait faire. » Mais en supposant que l'on espérât pouvoir devenir vertueux après avoir été l'esclave de quelque passion honteuse, ne croyez-vous pas que cet espoir seul vous donnerait de nouvelles forces pour en triompher? L'incrédulité est un vice d'esprit qui peut être vaincu comme tous les vices; c'est un vice, puisqu'elle peut conduire au découragement, au désespoir même, dans des moments où l'on aurait besoin d'excitation, de vives espérances; c'est un vice, car je vous défie, quand vous songez à ce que vous direz et pourrez faire pour la doctrine, de ne pas regretter les forces que vous puiseriez dans le sentiment religieux, si vous aviez le bonheur de l'éprouver; c'est un vice comme tous les vices, parce qu'elle nuit d'une part au développement de vos facultés, de l'autre, et comme conséquence, à l'humanité, qu'elle prive du secours de votre intelligence et de votre amour.

Oui, mon cher ami, l'homme ne jouit de lui-même que lorsqu'il parvient à étouffer chaque jour en lui les sentiments, les habitudes qui l'empêchent de valoir tout ce qu'il peut valoir. Aucun homme généreux ne saurait se condamner volontairement à la nullité, même à la faiblesse. Dès que nous trouvons en nous le germe de mauvaises pensées, et par conséquent de mauvaises actions, nous devons souffrir tant que nous ne l'avons pas déraciné, et cette souffrance même est la preuve la plus évidente de l'influence funeste de ce poison qui nous ronge; nous devons souffrir, quand nous sentons une entrave perpétuelle qui modère notre ardeur, qui nous refroidit, qui nous glace, lorsque nous aurions besoin de toute notre chaleur, de tout notre dévouement. Eh bien, vous devez souffrir, j'en suis certain, mon cher Resseguier, par ce que j'ai éprouvé (et malheureusement, grâce à notre éducation critique, je l'éprouve quelquefois encore), lorsque les idées de l'homme d'un jour viennent couvrir d'un voile épais celles de l'homme de l'éternité; vous devez souffrir, lorsque vous pensez que des intérêts aussi passagers que vous-même sont encore capables de vous faire négliger ceux qui ne passent jamais, ceux qui ne mourront pas avec vous;

vous devez souffrir, tant que vous ne sentez pas que votre existence tout entière est fondue dans celle d'un monde à venir et que vous vivez déjà hors de ces entraves dont je vous parlais tout à l'heure. Vivre dans l'éternité, mon cher ami, c'est vivre et croire en Dieu, car Dieu est l'éternelle science, l'éternel amour, l'éternelle industrie.

Je vous parle de tout ceci plus longtemps que je ne voulais d'abord, mais on ne quitte pas facilement ce qu'on aime, et je pourrais, sans me lasser, causer plus longtemps de Dieu, surtout avec vous. Cependant, je voulais vous demander un renseignement qui m'est nécessaire au plus vite. Voici ce que c'est. J'ai besoin d'aller à Mende (Lozère) ; comment puis-je aller de là à Sorèze? Telle est la difficulté que la carte ne résout pas. Trouverai-je des routes, et quels sont les moyens de transport ? Puis-je aller par Albi et Castres, ou bien ferais-je mieux d'aller à Mende, à Béziers et Carcassonne? *Combien de jours me prendra le voyage?* car j'en ai peu à donner, si j'en veux garder pour vous. — Ceci ne s'acccorde plus trop avec ce que je vous disais au commencement de cette lettre, parce que, d'après de nouveaux arrangements, mon passage à Montpellier n'est plus obligatoire pour la Caisse.

Pour bien répondre à ces questions, je dois vous indiquer toute ma route. Voici les villes que je dois visiter : Bourges, Nevers, Clermont, la Tour-du-Pin (Isère) et Saint-Chély (Lozère). Je ne sais si je dois aller de Nevers à la Tour-du-Pin, de là chez vous par Montpellier, et revenir par Saint-Chély et Clermont, ou bien si je dois aller directement de Clermont chez vous par Saint-Chély, et revenir à la Tour-du-Pin par Montpellier. J'aimerais mieux, et je crois que c'est cela que je ferai, aller du Dauphiné chez vous, parce que j'ai toujours une grande route. Mais comment sortirai-je de votre trou pour aller à Saint-Chély? C'est toujours la question. *Répondez-moi de suite;* je serai encore ici le 10 août.

Je vous embrasse de tout mon cœur; toute la famille de Saint-Simon en fait autant.

P. E.

XLE LETTRE

A Mme ESPERT

1829.

Madame, en vous engageant à lire l'ouvrage de M. de Lamennais, en vous envoyant ceux de de Maistre, je désirais appeler votre attention, non sur le problème qui les occupe et qu'ils résolvent mal, selon moi, je veux dire la possibilité de replacer l'église de Rome au rang dont elle est déchue; mais sur la manière dont ils défendent la grande question politique de l'unité d'*action*, d'*affection* et de *doctrine*, qu'ils me paraissent avoir parfaitement approfondie. Quelle doit être la *doctrine*, quelle sera la nature d'affection que cette doctrine excitera, quels seront ses *moyens d'action* sur la société? ce sont trois points secondaires quant à l'utilité que l'on peut tirer de ces ouvrages. Ainsi, avant de discuter avec eux si la *doctrine* sera celle de Jésus, de Moïse, de Mahomet, etc.; si l'*affection* à inspirer aux hommes dans l'avenir doit être celle qu'inspiraient les sybilles, le grand prêtre juif, les vestales ou les prédicateurs chrétiens ; avant d'examiner si les *moyens à employer* pour diriger, suivant cette doctrine, les actes humains, sont ceux qui ont été commandés comme *pratiques* obligatoires par l'une ou l'autre des nombreuses religions qui ont existé jusqu'à ce jour, il est indispensable, selon moi, de se fixer sur une question politique supérieure à ces trois problèmes fort importants d'ailleurs ; cette question peut se présenter en ces termes :

Quelle que soit la *forme* sous laquelle Dieu révèle aux hommes ce qu'il veut qu'ils fassent (et à chaque instant il s'adresse à eux, puisque à chaque instant ils aiment, pensent ou agissent), quel que soit le *temps* où il les éclaire, un fait doit nous frapper, c'est qu'il existe des êtres, sans doute privilégiés, qui entendent les premiers la voix de Dieu, qui courent avec le plus d'*ardeur* au-devant d'elle, qui s'élèvent sur les hauteurs de l'amour et de l'intelligence donnés par Dieu à la créature pour rapprocher leur oreille de la bouche adorée du Créateur. Tous ne montent pas sur le Sinaï ; tous ne contemplent pas, pour ainsi dire, face à face, la majesté du Très-Haut ; mais ceux auxquels il permet de s'élever *presque* jusqu'à lui, ce sont ceux auxquels il ordonne *le plus* fortement d'éclairer les autres, afin d'établir entre tous cette chaîne sympathique de soumission dévouée, de puissance aimante, sans laquelle l'humanité ne saurait s'élever jusqu'à Dieu ; car il faut qu'elle *aime* et qu'elle *obéisse* sur la terre, pour comprendre les joies ineffables qu'elle éprouvera un jour en présence du souverain *maître,* du souverain *amour*.

Si ces idées étaient une fois adoptées, on verrait que tous les problèmes de la politique se réduisent à celui-ci : dans toute société réellement constituée, les VERTUS, les *lumières,* la *puissance* doivent être *en haut* et se répandre d'*en haut* sur les masses. Alors là où l'on voit la puissance (et j'entends par ce mot la cause de la richesse, c'est-à-dire la puissance pour modifier le globe au profit de l'humanité), la vertu, les lumières *être dans les* MASSES, et éclipser les *supériorités nominales* de la société, on peut déclarer hardiment qu'une pareille société est malade, que ses organes souffrent, que leurs fonctions s'exécutent mal, que le désordre est partout dans la machine sociale. Ce spectacle s'est montré déjà d'une manière frappante dans l'histoire. A l'époque où Jésus est venu, la société était dans un pareil état de crise; toutes les anciennes hiérarchies sociales se dissolvaient; l'esclave commençait à secouer ses chaînes et à se révolter contre les institutions qui avaient accompli leur mission civilisatrice, puisqu'elles avaient délivré l'espèce humaine de l'anthropophagie, et presque des sacrifices sanglants. Chaque homme cherchait à sortir de la sphère dans laquelle les systèmes de castes, de races, systèmes indispensables pour les premiers pas de la société, l'avaient renfermé; l'édifice de l'antiquité guerrière tremblait sur sa base minée de toutes parts, là par l'athéisme et le scepticisme des philosophes, ici par le charlatanisme des augures. Les grands hommes de cette époque étaient, comme ceux de la nôtre, élevés hors du temple qui ne savait plus enseigner. Le patriciat, plongé dans l'oisiveté et la mollesse, comme nos nobles et nos riches, vendait pour de l'or ce qu'il n'aurait pas donné autrefois au prix de son sang, le droit à l'esclave de lui parler bientôt en maître. Les titres ne désignaient pas plus des fonctions remplies, que les mots de baron, duc ou marquis n'en désignent aujourd'hui; enfin toutes les idées morales, depuis l'amour des dieux et de la patrie jusqu'aux lois de la famille, remises au creuset du doute et de la satire, tournées en ridicule dans les livres, au sénat, au théâtre, témoignaient assez le mal qui dévorait le grand empire. Jésus parut, car il fallait un *guérisseur* qui vînt calmer le *délire* de l'humanité, pendant lequel elle se déchirait elle-même ; il fallait présenter aux hommes un *aimant* puissant, capable d'attirer à lui toutes les parties saines de cette masse corrompue, pour les mettre, en dépit de toutes les classifications patriciennes, dans la position que Dieu assigne même aux pauvres pécheurs, lorsqu'ils ont assez d'amour *pour paître ses brebis*.

Ce que Jésus a fait est encore à faire : non dans les mêmes termes, non dans les mêmes formes, non par les mêmes actes, car nous ne sommes ni juifs, ni gentils; mais dans le même but, c'est-à-dire dans le but de mettre *en tête* du troupeau les hommes qui savent dire comme Pierre, dans toute la conviction de leur âme : Oui, Seigneur, je vous aime.

J'en ai dit assez, je crois, et dans mes notes et dans cette lettre, pour vous faire sentir le point important que vous paraissez négliger, tandis que vous vous attachez à une chose qui réellement n'est pas digne de nous : la critique du catholicisme épuisé. Songez que si Jésus-

Christ a critiqué les scribes et les pharisiens, cette critique joue un rôle infiniment secondaire dans l'Évangile ; car c'était déjà fait avant lui, à Rome, par Cicéron et tous les philosophes ; en Grèce par Socrate ; mais ni les philosophes de Rome, ni ceux de la Grèce n'ont su trouver ce que Jésus apportait, la *bonne nouvelle,* la fraternité du genre humain ; aucun d'eux n'a eu le pouvoir de donner à des hommes la mission de régénérer le monde, de chasser le vieil homme, ou plutôt encore de le ressusciter.

Dieu ne nous a pas abandonnés au milieu du désordre où nous sommes et qui lui-même est un présage de l'ordre nouveau qui nous est destiné. Il nommera encore une fois des pasteurs de son troupeau : assez d'hommes sont disposés aujourd'hui à l'aimer, assez de cœurs seraient attirés par l'*aimant nouveau* qu'il leur présentera ; mais comment aimer un monde qui, *au premier abord,* paraît livré à une anarchie durable, éternelle ? Un monde où Dieu lui-même n'a pas d'autel, où son nom n'est prononcé que par des hypocrites où des imbéciles. Examinons les intelligences passionnées de notre époque ; elles qui seraient si aimantes, si heureuses d'*adorer;* elles souffrent, elles gémissent : la poésie ne fait entendre que des accents plaintifs ; le romantisme fait peur, se désole lui-même ; et, cependant, lui seul possède le feu sacré ; lui seul *cherche* un flambeau, appelle l'étincelle électrique, sans laquelle il sent qu'il ne peut vivre ; impatient, il désespère, le blasphème brûle ses lèvres, et il lance l'*immoralité* sur ce qu'il aurait voulu couvrir d'amour et de dévouement. Eh bien, tous ces hommes ont lu l'Évangile, tous connaissent le christianisme comme saint Paul connaissait la loi de Moïse. Mais, comme tous ses disciples, c'est une nouvelle loi, c'est un *nouveau* livre qu'ils attendent, c'est la parole de l'*Esprit de vérité* qu'ils appellent.

Ce mot de vérité me conduit à une autre critique moins fondamentale en apparence et dont les résultats sont cependant bien grands. Si je pense qu'il faut un nouveau livre, c'est vous dire qu'il faut un nouveau langage à l'homme qui veut faire marcher ses frères dans les voies nouvelles que Dieu leur réserve pour l'avenir ; et, par exemple, Jésus s'est servi, et tous les chrétiens s'en sont servi après lui, d'un langage symbolique dans lequel tantôt l'*esprit* est matérialisé, et tantôt les *actes* de l'homme sont spiritualisés ; mais, il nous l'a dit lui-même, ce n'est pas le symbole, c'est l'idée, c'est le fait que rappelle le symbole ou le langage parabolique qu'il faut étudier.

Maintenant, réfléchissez à l'emploi constant que vous faites des mots : justice, vérité, etc. Toutes ces vertus, puisqu'elles sont à l'usage de l'homme, donnent lieu à des actes humains, à des *fonctions* sociales qui doivent être étudiées; vous, au contraire, en faisant agir la justice et la raison comme les libéraux *athées* font agir la liberté, vous risquez fréquemment de vous payer de mots, là où il faudrait examiner des *faits*; vous êtes encore exposée à rester dans les illusions du polythéisme, car il vaudrait autant appeler les vertus de l'homme Minerve, Hercule, Mercure, et dire : Minerve veut, aussi bien que, La justice veut. Quand la justice de Dieu veut quelque chose, ce sont les HOMMES JUSTES qui doivent l'exécuter. Quand sa sagesse ordonne, ce sont les HOMMES SAGES qui doivent ordonner; quand son AMOUR veut embraser le cœur des hommes, ce sont les êtres les plus AIMANTS qui enflamment l'humanité. Quand sa puissance *créatrice* et ordonnatrice du monde *matériel* veut que les hommes agissent avec force sur le globe, ce sont les individus qui savent *le mieux* modifier la MATIÈRE et l'approprier aux vues de Dieu sur le bien-être de la créature qui instruisent et dirigent l'humanité dans les grands travaux INDUSTRIELS. *Sagesse, amour, puissance* de Dieu, sont des mots qui n'agissent sur l'humanité que par l'intermédiaire des HOMMES *les plus* INSTRUITS, les *plus* DÉVOUÉS et les plus MAITRES DE LA MATIÈRE. C'est donc à ceux-là seuls qu'il appartient de diriger l'homme dans la ligne de ses *devoirs* sur la terre. Les hommes qui ont sondé les profondeurs des lois imposées au monde par la *sagesse* divine ; ceux qui sont éminemment doués des SYMPATHIES sociales ; ceux enfin qui *agissent* le plus puissamment sur le globe que Dieu a donné à l'homme pour le modifier : voilà les agents de Dieu sur la terre ; voilà les chefs auxquels Dieu vous ordonne d'*obéir,* qu'il veut qu'on aime et qu'on révère.

Ainsi vous voulez que la justice et la charité règnent sur la terre, et vous ne vous occupez pour ainsi dire que du sentiment qui dispose l'homme à voir dans ses frères des hypocrites et des ennemis, la *défiance.* Vous voulez que tous s'abordent comme s'ils devaient être trompés les uns par les autres ; vous réclamez avec force l'*examen* parce que vous craignez l'*abandon ;*

vous voulez de l'amour, et vous prêchez contre vous-même tout ce qui accompagne ou précède la haine; non, chère dame, la défiance, l'examen, le doute, l'expectative de la *résistance* ne constituent jamais l'amour, et sans lui pas de société.

Supposez pour un moment que vous parlez à une personne qui aime (et c'est ainsi qu'on doit parler à l'humanité, quand elle n'est pas comme aujourd'hui dans les bras de la mort), lui direz-vous d'examiner, de peser, de calculer les paroles de celui qu'elle aime ; non. Si vous aimez vous-même, vous vous précipiterez irrésistiblement sur les pas de ceux à qui vous aurez voué votre amour, et votre exemple parlera mieux au cœur que tous vos conseils de *prudente* réserve et de froideur *calculante*.

Vous me pardonnerez la franchise de mes paroles; elles sont loin de pouvoir blesser votre cœur; c'est parce que je suis convaincu que le feu sacré vous anime que je me permets d'y jeter, à la place de ces fagots de *bois vert* que le protestantisme y a lancés à votre insu, quelques-uns des tisons allumés autrefois par Jésus et entretenus avec tant de soin pendant quinze siècles par l'Église, qui depuis les a laissés fumer inutilement dans ses mains. Saint-Simon les a recouverts de l'huile sainte ; ils brûlent aujourd'hui dans nos mains une flamme plus pure et plus belle que celle qui a éclairé les chrétiens, car l'Esprit de vérité est en eux.

Lisez, je vous en prie, de Maistre, non pour le combattre dans les applications qu'il fait à l'Église *actuelle* de ses principes, mais, en vous dégageant de l'influence des temps où nous vivons, pour vous porter à une époque, où l'Église serait la réunion des hommes aimant le plus, pour me servir de vos termes, la justice et la vérité. Si les principes professés par ce grand homme vous paraissent, en effet, les seuls applicables à une hypothèse comme celle que je viens de faire, sur la constitution de l'Église, alors vous concevrez que la plus grande chose qui puisse nous occuper n'est pas de combattre la vieille Église catholique, mais de reconstituer une nouvelle Église universelle.

Après cette lecture, revenant sur les travaux de l'Église *catholique,* vous l'apprécierez, je crois, vous-même, d'une manière plus équitable ; vous verrez, par exemple, que, tant qu'elle a été réellement dirigée par les hommes qui aimaient *le plus* Dieu, qui connaissaient *le mieux* sa volonté, elle était réellement *infaillible,* dans toute la valeur *humaine* de ce mot. Elle l'était en ce sens qu'*elle seule* pouvait bien diriger l'humanité ; et elle l'était à tel point que ce n'est qu'au moment où elle a cessé de l'être, qu'elle a songé à le soutenir en *droit*, et que les peuples ont pensé à lui disputer ce titre. De Maistre relève ce fait avec la plus grande netteté.

Songeons donc à reconstituer une nouvelle Église infaillible, en harmonie avec les besoins futurs de l'humanité, comme l'Église l'était avec la société féodale ; détruisons l'esclavage *indirect* du pauvre et du faible, des travailleurs et des femmes, comme le catholicisme a détruit leur esclavage direct, et Dieu nous récompensera d'avoir senti, compris et exécuté ses desseins sur l'avenir de ses enfants.

Je ne saurais finir sans vous témoigner avec quel plaisir j'ai vu par les notes que vous m'avez envoyées, combien le travail vous est facile et vous plaît ; j'ai acquis la certitude que notre correspondance ne manquera pas d'activité, et je m'en félicite vivement. Mais, pour Dieu, prêchez la confiance ou la *foi*, puisque c'est la même chose, comme vous avez prêché jusqu'à présent la défiance ou l'*examen*, car c'est aussi la même chose : l'une est la disposition de l'homme qui aime : il croit ; l'autre est celle de l'homme qui *doute.* L'humanité n'est pas faite pour douter : quand elle ne croit pas, quand elle n'aime pas, elle est malade ; je dis mieux : elle ne vit pas, car elle doute même de la vie....

P. E.

XLIᴱ LETTRE

A THÉRÈSE

Paris, 29 juillet 1829.

Je ne sais pas encore quel jour je vous embrasserai, mes chères amies ; mais ce qu'il y a d'à peu près certain, c'est que ce sera en septembre. Je vais faire un voyage pour la Caisse. Ce voyage me conduit à la Tour-du-Pin ; mais je trouverai bien quelques jours pour Curson. Malheureusement, je ferai presque comme Holstein ; je vous verrai en courant : au moins cela vaut-il mieux que rien.

J'ignore encore si j'irai d'abord chez vous, ou si je m'enfoncerai avant dans les montagnes d'Auvergne. Il faut, dans toute cette course, que je trouve aussi le moyen d'aller jusqu'à Sorèze. Je combine tout cela actuellement, et ne serai positivement fixé que dans la huitaine.

Il y a quelques jours, chez Saint-Cyr je disais que Rodrigues n'étant plus à la Caisse, je ne voyais plus comment d'ici à plusieurs années je pouvais aller vous voir; il ne faut jamais désespérer de rien, à ce qu'il paraît.

Malgré tout le plaisir que j'aurais à faire ce voyage, je n'aurais pas demandé à en être chargé; il a fallu même de pressantes instances pour que je consentisse à accepter cette mission. Mes liaisons connues avec Rodrigues la rendaient très-délicate; on s'y est pris d'une manière fort honorable pour moi, puisqu'on m'a présenté ce voyage comme un témoignage de confiance doublement plus forte, en raison même de ces relations avec Rodrigues.

Saint-Cyr vous aura annoncé déjà ce voyage, car ma lettre ne partira que par Dernes, et lui doit vous écrire aujourd'hui par la poste. J'ai dîné chez lui hier, et ils ont été bien surpris quand je leur ai annoncé cette nouvelle, en leur demandant leurs commissions pour Romans. La première idée de Saint-Cyr a été, je crois, que, renvoyé de ma place, j'allais me confiner à l'ermitage de Curson, pour y faire dans le silence quelques vilains livres de doctrine. Peut-être cela viendra-t-il, mais nous n'y sommes pas encore. Les Parisiens sont trop livrés au diable pour qu'on les abandonne pour cela.

Holstein va bientôt faire un long voyage; mais il ne sait pas encore de quel côté. S'il pouvait se rencontrer avec moi à Curson, il n'y serait pas de trop, n'est-ce pas? Faites mûrir vite les raisins et les pêches, quoique je ne sois fort aujourd'hui que sur le *solide*, et qu'un bon morceau de bœuf fasse bien mieux mon affaire qu'un morceau de melon, surtout quand il est entouré de truffes ou de champagne, et même relevé d'un peu de moutarde. Vous me verrez même prendre bravement mon café avec vous, sinon en me levant, du moins le soir. Saint-Cyr m'a dit aussi que les châtelaines de Curson me montreraient une précieuse cachette (sans doute dans quelque souterrain), où sont enfermés des paquets de cigares soignés; nous leur dirons un mot en passant. Vous voyez que je suis en bonne disposition ; aussi ma mine est-elle revenue ; mes habits commencent à me serrer un peu.

Adieu, mes bonnes amies, je vous embrasse de tout cœur.

Paris, imprimerie Paul Dupont, rue J.-J. Rousseau, 41 (129)

www.ingramcontent.com/pod-product-compliance
Ingram Content Group UK Ltd.
Pitfield, Milton Keynes, MK11 3LW, UK
UKHW020116200726
13856UKWH00002B/584